INICIACIÓN AL AJEDREZ

[redacted]

[redacted]

Colección JAQUE MATE

[redacted]

INICIACIÓN AL AJEDREZ

Lorenzo Ponce Sala

Contiene 224 ilustraciones esquemáticas

[redacted]

HISPANO EUROPEA

Editorial Hispano Europea, S. A.
Primer de Maig, 21 - Pol. Ind. Gran Via Sud
08908 L'Hospitalet - Barcelona, España.
E-mail: hispanoeuropea@hispanoeuropea.com

Depósito Legal: B. 16644-2005.

ISBN: 84-255-1239-5.

Cuarta edición

IMPRESO EN ESPAÑA — PRINTED IN SPAIN

LIMPERGRAF, S. L. - Mogoda, 29-31 (Pol. Ind. Can Salvatella) - 08210 Barberà del Vallès

Índice

Prólogo

Cuando empezamos a escribir este libro nos propusimos hacerlo de manera clara y diáfana, para que la persona que lo cogiera por primera vez, sin conocer qué es el ajedrez, lo tuviera lo más fácil posible.

Quisiéramos que esta exposición fuese asequible a todos los intelectos, tanto de niños, jóvenes, menos jóvenes y hasta llegar, incluso, a la tercera edad.

Teniendo en cuenta que una imagen vale más que mil palabras, hacemos una serie de exposiciones ilustrando las mismas con los necesarios tableros. Así, de esta forma, intentaremos que el aficionado vea con más claridad todo cuanto exponemos en el libro.

El mismo está desarrollado de la forma más sencilla y elemental que nos ha sido posible para que sirva de guía, sea el ABC del ajedrecista, los primeros pasos en el ajedrez y, asimismo, valga como manual de aprendizaje para todos.

El lector que tenga entre sus manos esta obra debe recordar que el juego del ajedrez era antiguamente, «juego de reyes» y que en la actualidad se le considera, no sin cierta razón, el «rey de los juegos».

Esperamos que su lectura se adentre en el intelecto de todos los aficionados y que, capítulo a capítulo, estimule un poco más, si cabe, el interés por seguir leyendo, estudiando y analizando cada una de las exposiciones que en el mismo explicamos.

Memorice los diferentes diagramas o tableros que hay en cada uno de los capítulos ya que ello le servirá, más adelante, para entender con más facilidad y con menos dudas, cada uno de los capítulos que se irán exponiendo.

También podemos adelantar que el juego del ajedrez es una lucha entre dos personas y que se practica utilizando para ello un tablero escaqueado, de sesenta y cuatro casillas, y unas piezas, treinta y dos en total, repartidas dieciséis por bando. Actualmente, el ajedrez está considerado como un deporte intelectual, aunque es motivo de discusión el catalogarlo como juego, deporte o ciencia.

A veces se juega también entre varias personas, formando grupos o bandos.

Las piezas se mueven sobre el tablero. Cada movimiento de una de esas piezas se llama jugada o movimiento. Y la serie de jugadas que comprende la lucha se denomina partida.

No queremos alargar más este prólogo y vamos a ponernos a trabajar con el material que tenemos, tablero, piezas, jugadas y posiciones.

Deseamos que cada página que vayan pasando les magnetice más y los vaya adentrando, sin casi darse cuenta, en ese mágico mundo que es el juego del ajedrez.

Y, si lo conseguimos, nos consideraremos suficientemente pagados.

Introducción al juego

EL TABLERO

El tablero de juego es como un enorme campo de batalla donde dos contendientes van a dirimir sus fuerzas. Está formado por un cuadrado cuadriculado, de ocho cuadros por lado, alternativamente blancos y negros, o claros y oscuros, con un total de sesenta y cuatro cuadros, que son conocidos por el nombre de casillas. Por eso se dice vulgarmente que el tablero consta de sesenta y cuatro casillas escaqueadas.

Es importante la colocación correcta del tablero antes de empezar la partida. Hay que acordarse siempre que el cuadro blanco se encuentre en la esquina de la derecha del jugador. No hay que precipitarse nunca en colocar las piezas para empezar la partida, sin cerciorarse antes de la correcta colocación del tablero.

La forma correcta de ponerlo es como en la figura 1.

Fig. 1. Forma correcta de colocarlo. El cuadro blanco se encuentra a la derecha.

Fig. 2. Forma incorrecta de ponerlo. El cuadro negro se encuentra a la derecha.

LAS CASILLAS

Hay que recordar que existen sesenta y cuatro casillas, treinta y dos blancas y treinta y dos negras.

El siguiente diagrama indicará correctamente una casilla blanca y otra negra.

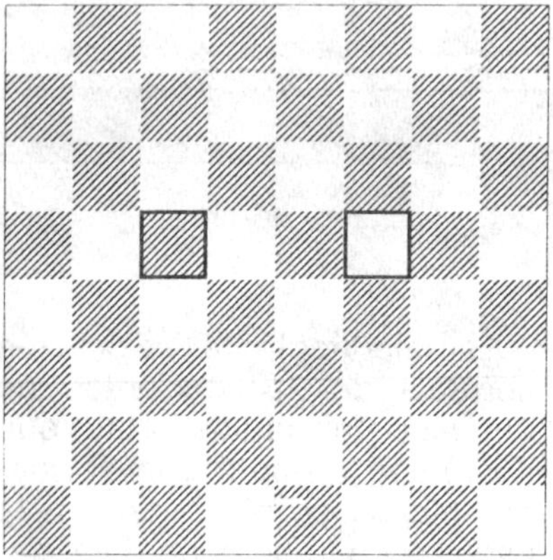

Fig. 3. Indicación de una casilla negra y otra blanca.

LAS FILAS

Todos los tableros están compuestos de ocho filas horizontales, tal como señalamos seguidamente en el diagrama:

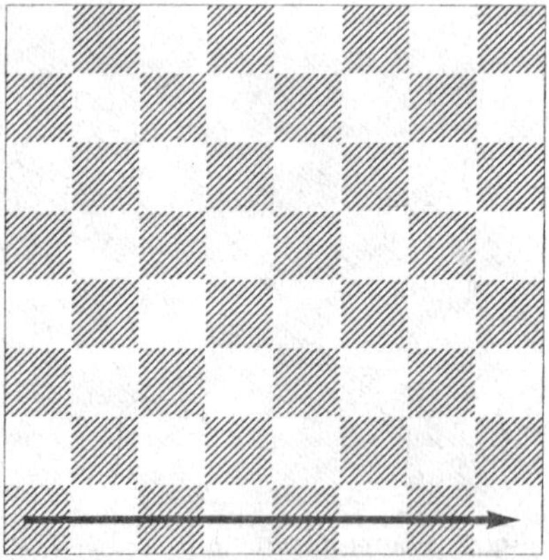

Fig. 4. La flecha señala una fila.

LAS COLUMNAS

El tablero está constituido por ocho columnas verticales, tal como señalamos seguidamente en el diagrama:

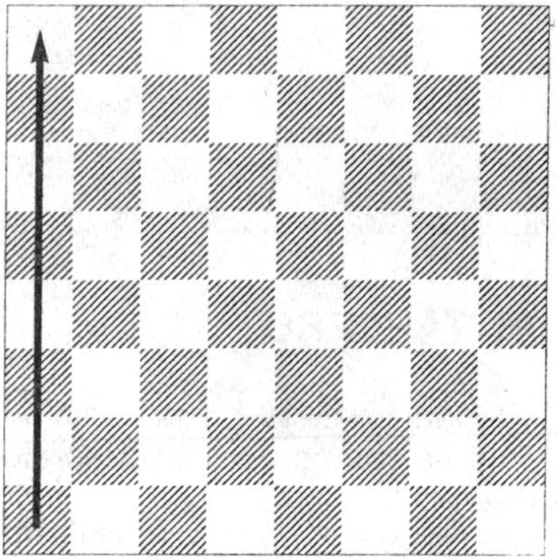

Fig. 5. La flecha señala una columna.

LAS DIAGONALES

Hay diagonales blancas y negras, por las que dominan los alfiles y las damas.

En el siguiente diagrama unas diagonales blancas:

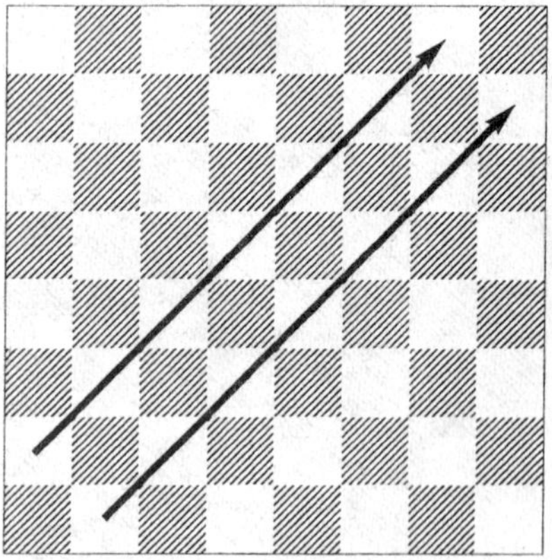

Fig. 6. Diagonales blancas.

Y, seguidamente, en el siguiente diagrama veremos ahora unas diagonales negras:

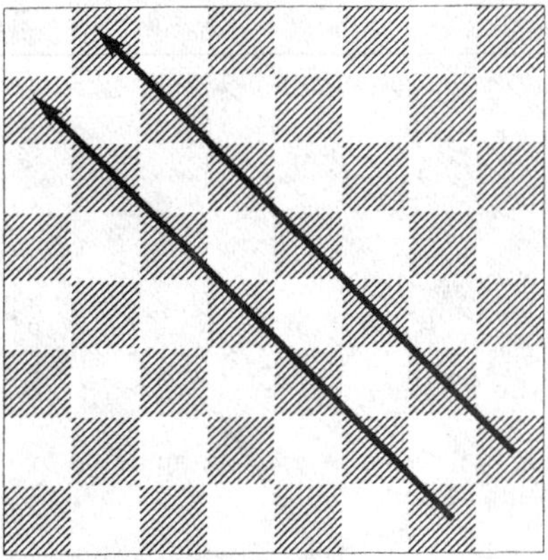

Fig. 7. Diagonales negras.

LOS FLANCOS

El tablero de ajedrez está dividido en dos flancos, el de la derecha llamado flanco de Rey, y el de la izquierda, o flanco de Dama.

El flanco de Rey está formado por las cuatro primeras columnas de la derecha del tablero y, por lo tanto, el ala o flanco de Dama es

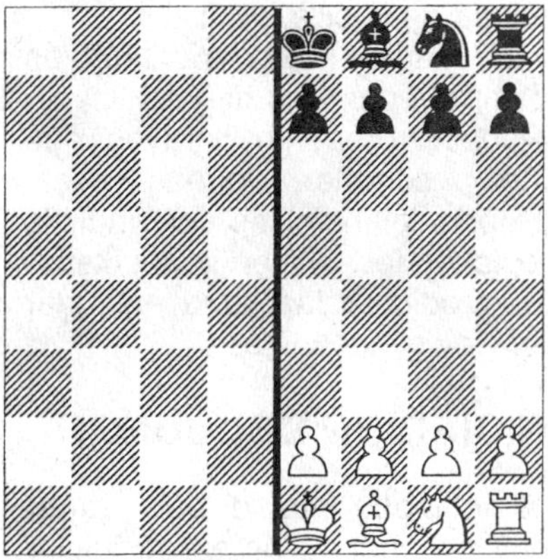

Fig. 8. Flanco o ala de Rey.

el que comprende las cuatro columnas de la izquierda del jugador, que es donde se encuentra ubicada la Dama en su posición de salida.

En los diagramas de las figuras 8 a 10 veremos todo cuanto exponemos sobre el tema

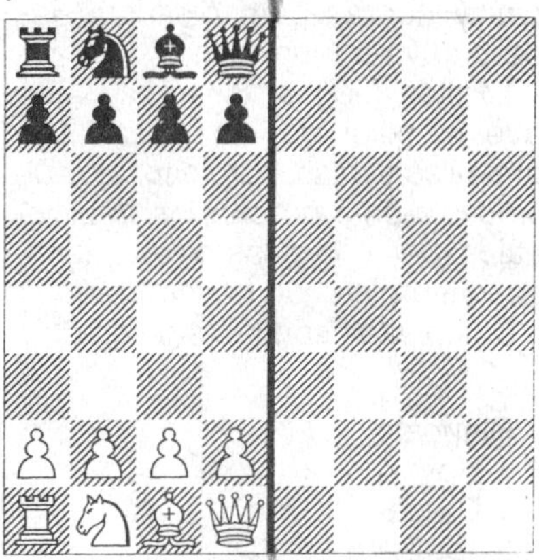

Fig. 9. Flanco o ala de Dama.

O sea, resumiendo:

a) Las cuatro columnas de la derecha, donde se encuentra el Rey, se denomina flanco o ala de Rey.
b) Las cuatro columnas de la izquierda del jugador, se llama flanco o ala de Dama.

Y, con el siguiente diagrama, resumiremos conjuntamente estas dos divisiones que les hemos estado señalando.

Fig. 10. Flanco de Dama. Flanco de Rey.

LAS PIEZAS DE JUEGO

Cada jugador dispone de dieciséis piezas.

Los dos adversarios tienen el mismo número de piezas y el mismo valor de ellas.

Las piezas se dividen en blancas y negras para distinguir las de uno y otro jugador.

Existen juegos, los menos, en que el color de las piezas son amarillas y rojas, pero esos dos últimos colores no son los tradicionales, por lo que los colores blanco y negro se han generalizado.

Las piezas son las siguientes:

Blancas:
1 Rey ♔
1 Dama ♕
2 Torres ♖♖
2 Alfiles ♗♗
2 Caballos ♘♘
8 Peones ♙♙♙♙♙♙♙♙

Negras:
1 Rey ♚
1 Dama ♛
2 Torres ♜♜
2 Alfiles ♝♝
2 Caballos ♞♞
8 Peones ♟♟♟♟♟♟♟♟

LA COLOCACIÓN DE LAS PIEZAS

Para empezar, vamos a ilustrar con un diagrama la colocación de todas las piezas, antes de iniciarse una partida de ajedrez.

Vamos a examinar el siguiente diagrama:

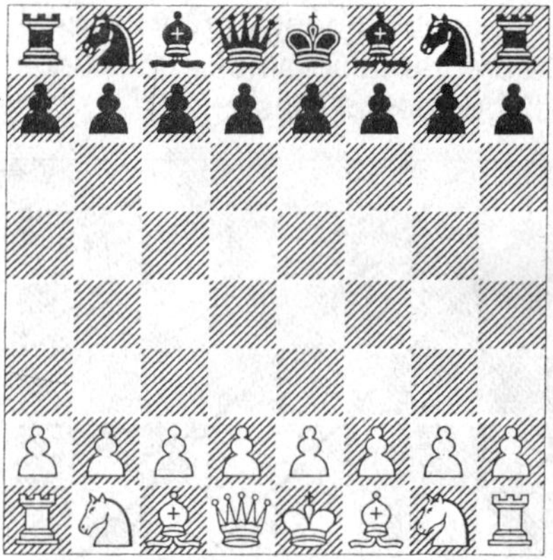

Fig. 11. Posición correcta antes de iniciarse la partida

Las piezas blancas las colocaremos en la parte de abajo, como si tuviéramos el tablero frente a nosotros, extendido o puesto sobre la mesa.

La Dama, la pieza más importante del juego, después del Rey, debéis colocarla, según se ve en el diagrama anterior, en la casilla de su propio color (a la izquierda del Rey).

La Dama blanca siempre se coloca en casilla blanca.

La Dama negra va también siempre en casilla negra.

Dos errores muy graves que suelen cometer, algunas veces, los principiantes, es confundir la posición del Alfil con la del Caballo, y colocar la Dama en lugar del Rey y viceversa.

INICIACIÓN DEL JUEGO

Principalmente debéis tener muy en cuenta, antes de iniciar una partida, lo siguiente:

a) Las blancas tienen siempre la salida, es decir, hacen la primera jugada de la partida.
b) Los dos contrincantes juegan por turno y sólo una jugada. (Juegan las blancas primero, luego las negras, después las blancas, a continuación las negras, y así alternativamente hasta la finalización de la partida.)
c) Se denomina «jugador» al que le toca jugar. El otro es el «adversario».
d) Se juega, únicamente, una pieza sobre un cuadrado a la vez.

También es interesante saber que normalmente, en los torneos de competición se juega con un reloj cuenta-jugadas, y que es conveniente que anotéis las partidas en las planillas correspondientes.

Cuando se esquematiza un tablero de ajedrez, las piezas blancas siempre suelen señalarse en la parte de abajo de los diagramas.

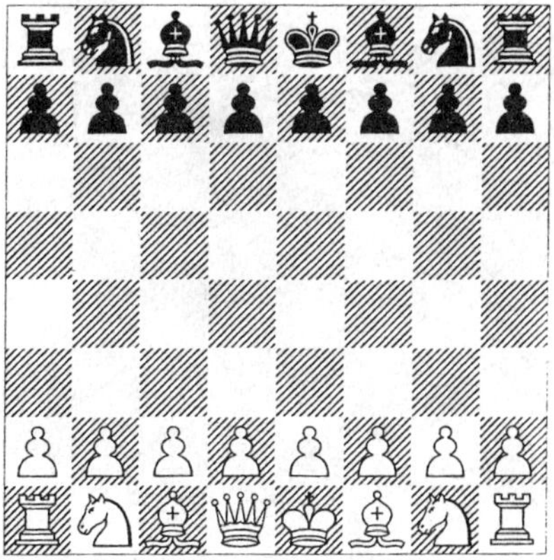

Fig. 12. Colocación correcta de las piezas

Movimiento de las piezas

A continuación vamos a señalar, por mediación de flechas, los movimientos de cada una de las seis diferentes piezas de que consta el juego.

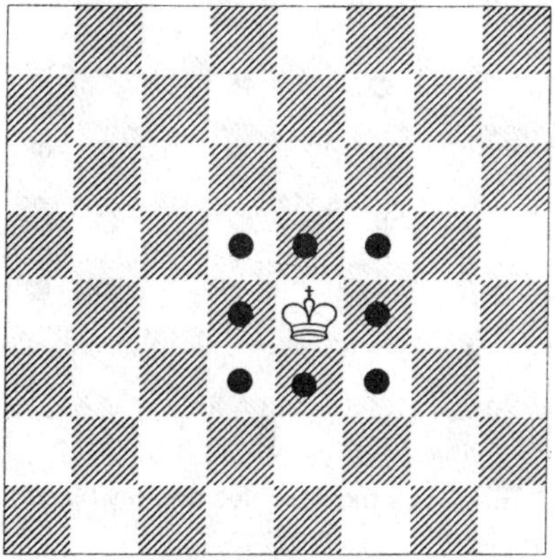

Fig. 13. Movimiento del Rey.

EL REY

En cada casilla solamente puede haber una pieza.

Todas las piezas pueden marchar en todos los sentidos, es decir, adelante o atrás, a izquierda o a derecha, a excepción hecha de los peones.

El Rey puede moverse en cualquier dirección, desde la casilla que ocupa a una cualquiera de las circundantes, o sea, una sola casilla en cada movimiento o jugada.

Con los diagramas que vamos a ilustrar el tema, se verá el correcto movimiento del Rey.

El Rey puede ocupar cualquier casilla señalada con un punto negro, menos las indicadas con un asterisco, ya que éstas están dominadas por piezas adversarias.

El diagrama de la figura 14 explica más claramente todo lo que hemos expuesto.

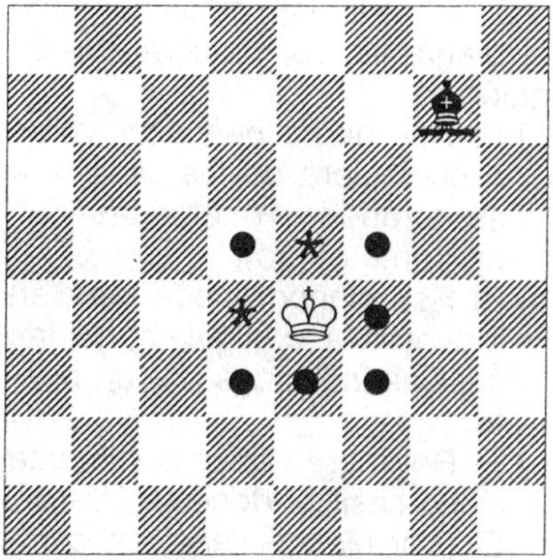

Fig. 14. Casillas prohibidas para el Rey (señaladas con *).

Recordad que, muerto el Rey, finaliza la partida.

El Rey se mueve a cualquiera de las casillas inmediatas a la que ocupa.

Pondremos un segundo diagrama para que nos demos cuenta con más claridad de la marcha de esa importante y vital pieza.

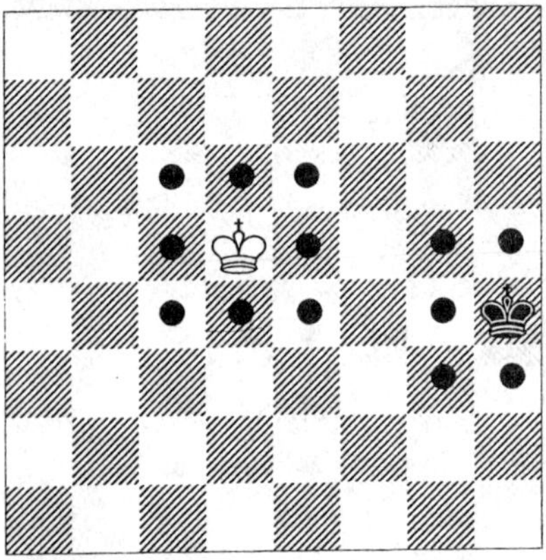

Fig. 15. Los movimientos del Rey blanco y negro.

Si se examina detenidamente el diagrama, se observará lo siguiente:

a) El Rey negro puede moverse a cualquiera de las casillas a su alrededor (marcadas con un punto negro).

b) El Rey blanco puede también moverse a cualquiera de las casillas indicadas por un punto.

c) El Rey negro tiene solamente cinco casillas donde moverse. El Rey blanco tiene, en cambio, ocho. Y ello es motivado por encontrarse el Rey negro en un extremo del tablero, mientras el blanco está en el centro del mismo.

El Rey es la única pieza que no puede permanecer atacada.

Cuando el rival lo ataca, debe moverse el Rey, capturar la pieza atacante con una pieza o con el mismo Rey, o interponer una pieza propia entre la atacante y el Rey.

El Rey, bajo ningún concepto debe permanecer atacado y por ello el monarca nunca debe ocupar una casilla que esté amenazada o dominada por piezas adversarias.

Con el diagrama siguiente se ve todo lo anteriormente expuesto:

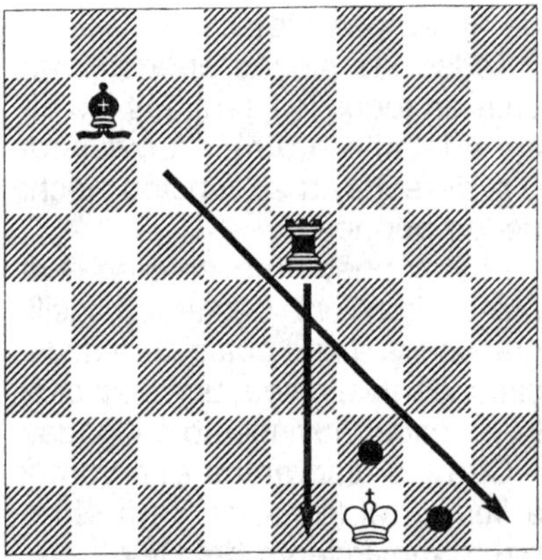

Fig. 16. Casillas a las que puede moverse el Rey (señalada por puntos negros). Casillas a las que no puede ir el Rey (indicadas por las flechas).

El Rey blanco únicamente podrá moverse a las dos casillas

que están señaladas con un punto negro.

Otras dos casillas están dominadas por la Torre negra; por tanto, el Rey no podrá ir a ellas.

Una sola casilla blanca está siendo dominada por el Alfil negro, por lo que tampoco el Rey blanco podrá ocuparla.

Las casillas dominadas por la Torre y por el Alfil negro están indicadas en el diagrama anterior por una flecha.

LA DAMA

Esta pieza se mueve por todas las filas y diagonales del tablero que pasan por la casilla donde se halla situada. Puede ocupar una casilla cualquiera de las mismas.

La Dama es la pieza más importante del juego, después del Rey. Perder la Dama limpiamente, o por cambio por pieza de inferior valor, es casi como perder la partida.

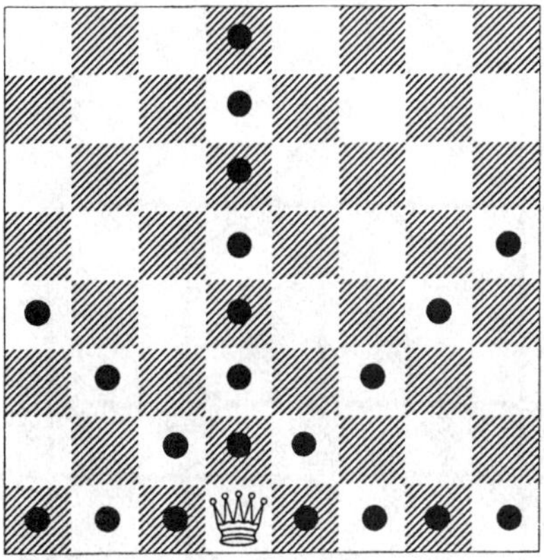

Fig. 17. Movimientos correctos con la Dama.

Los movimientos de la Dama son iguales a los de los Alfiles y las Torres a un mismo tiempo. En los siguientes diagramas veremos cómo se mueve esa vital pieza.

El radio de acción de la Dama es muy grande. Es la pieza que hay sobre el tablero con más movilidad. De todas formas hay que recordar que cualquier pieza puede quedar reducida en su radio de acción, por estar ocupado su camino por piezas propias y adversarias. En el siguiente diagrama, se verá el movimiento de la Dama, señalado por las flechas, dónde se podrá observar que la Dama domina en ocho direcciones diferentes al mismo tiempo.

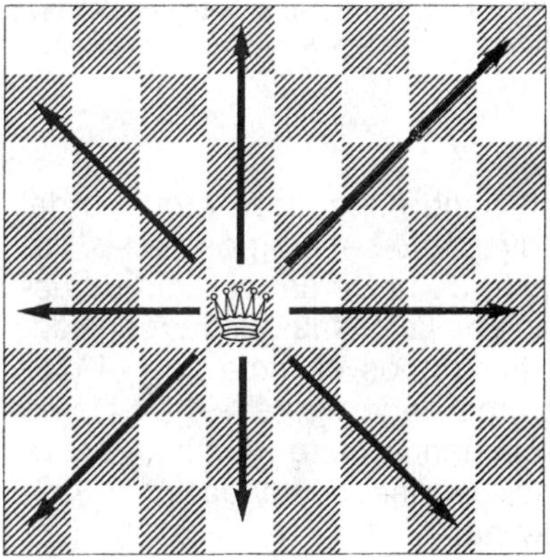

Fig. 18. La Dama blanca se mueve por las casillas señaladas por las flechas.

También se verá cómo esa pieza domina en tres direcciones, como si se tratara de una simple Torre o un sencillo Alfil. Hay que tener siempre en cuenta que la Dama hay que ponerla lo más centralizada posible, es decir, colocada, preferentemente, en el centro del tablero. Con la Dama en el centro se pueden dominar muchas casillas al mismo tiempo. Esta misma pieza en el borde del tablero, por ejemplo, tiene poco campo de acción.

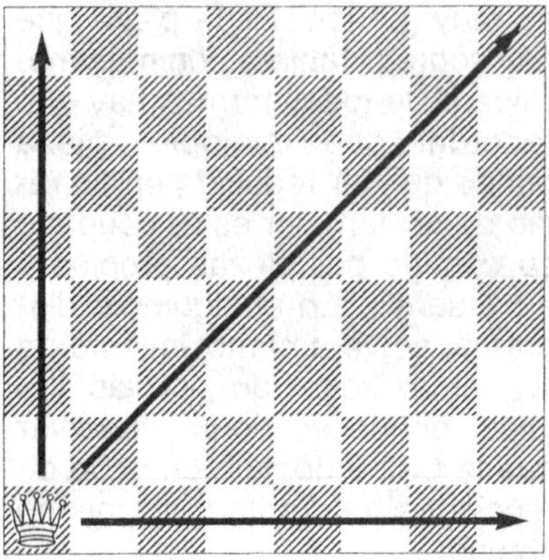

Fig. 19. La Dama, en el borde del tablero domina solamente sobre tres direcciones.

Cuando una pieza propia o del adversario se interpone en el camino de la Dama, el radio de acción de la misma queda reducido.

Ilustramos el tema con el diagrama de la figura 19. La Dama solamente tiene dominio sobre las casillas señaladas por una flecha.

Para terminar, diremos que a esa pieza principal, después del Rey, se la conoce también con el nombre de Reina. Pero generalmente se ha convenido en llamarla Dama.

LA TORRE

Estas piezas se mueven por las filas y las columnas que se cruzan con la casilla que ocupa.

Es, después de la Dama, la pieza más importante. Dos son

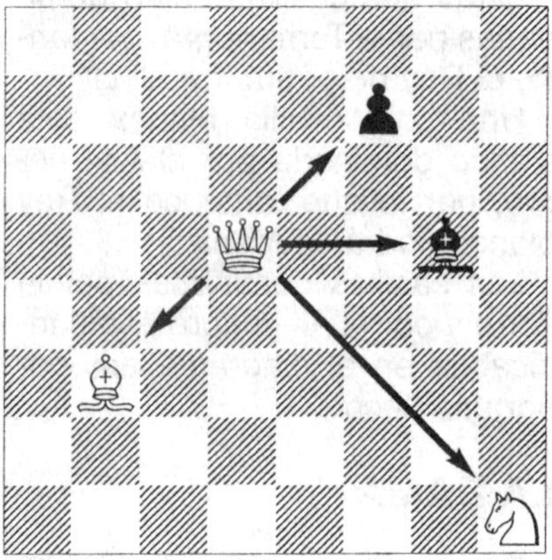

Fig. 20. Piezas propias y adversarias se interponen en el camino de la Dama.

las Torres por bando. Las Torres hacen el papel de los fuertes o castillos en las antiguas guerras. Se mueven horizontal y perpendicularmente, como lo indican las flechas del siguiente diagrama ilustrado:

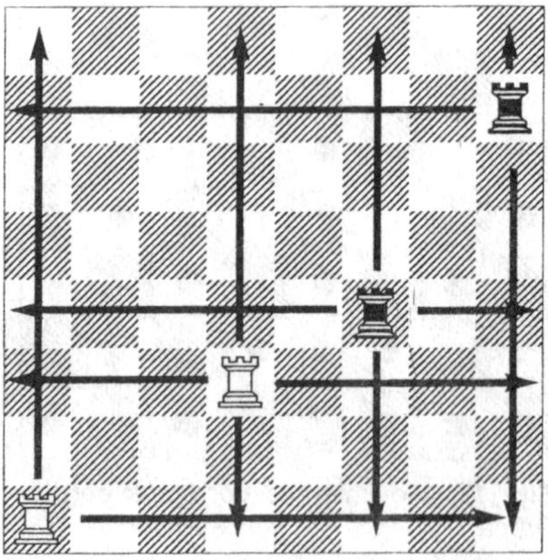

Fig. 21. Las flechas señalan el recorrido que puede hacer la Torre.

En el siguiente diagrama veremos los diferentes movimientos de esta pieza.

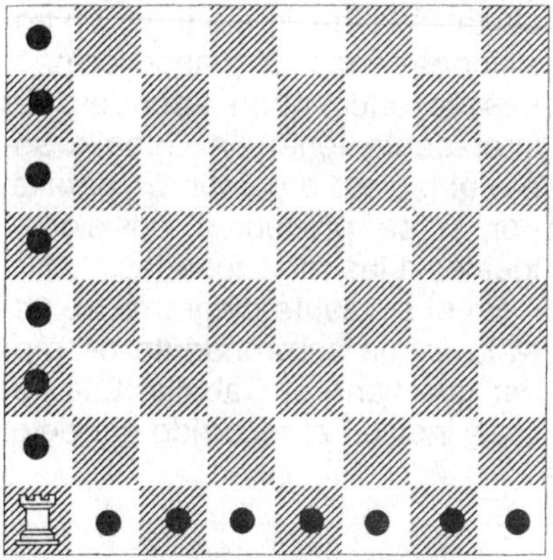

Fig. 22. Movimientos correctos de la Torre (señalados por puntos).

La Torre no se puede mover por las diagonales. Se la puede hacer jugar una, dos, tres o más casillas de un solo movimiento. Siempre a voluntad del jugador. Se debe recordar que no pueden saltar ni pasar sobre ninguna pieza propia o del contrincante. La Torre, como se ha indicado, vale más que un Alfil o un Caballo, individualmente. Pero es inferior a esas dos piezas juntas.

EL ALFIL

Los Alfiles se mueven por las diagonales que ocupan inicialmente antes de empezar la partida. Un Alfil va por casillas blancas y otro por negras, no pudiendo cambiar de color en toda la partida.

Cada jugador dispone de dos Alfiles. El Alfil es la única pieza que no puede atacar otra casilla de distinto color al que ocupa. Generalmente un Alfil es muy superior a un Caballo. Los siguientes diagramas ilustrarán mejor la marcha de esas piezas.

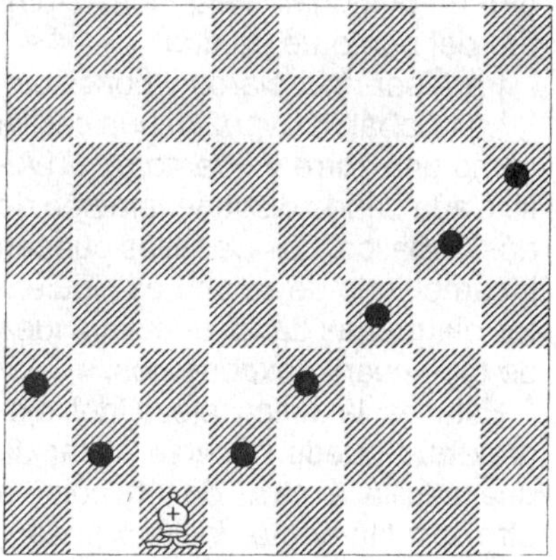

Fig. 23. Movimientos correctos de los Alfiles.

En el siguiente diagrama se podrá ver y comprobar el largo recorrido que puede hacer un Alfil.

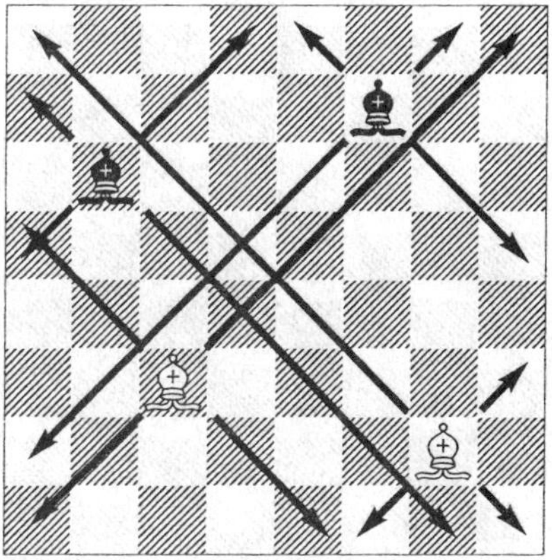

Fig. 24. Las flechas señalan el camino a seguir por los Alfiles.

EL CABALLO

El Caballo es la pieza más curiosa del juego de ajedrez ya que tiene un movimiento muy especial. Esta pieza se mueve haciendo dos pasos de Rey, uno de frente y el otro en diagonal, alejándose siempre del punto de partida.

Para ser más claros y concisos:

Los Caballos avanzan una casilla como una Torre y otra como un Alfil. Cada bando dispone también de dos Caballos. Los Caballos pueden ir cambiando de color. Los siguientes diagramas darán una clara idea de todo cuanto exponemos:

Ésta es la única pieza del ajedrez que puede hacerse saltar de una casilla a otra, de un color a otro, exactamente, incluso pasando por encima de piezas propias y extrañas.

Es como si se tratase, en la guerra, de una carga de la caballería y se pueden realizar espectaculares ataques sobre las posiciones enemigas. Nunca se ha de mover a una casilla del mismo color que la casilla de procedencia.

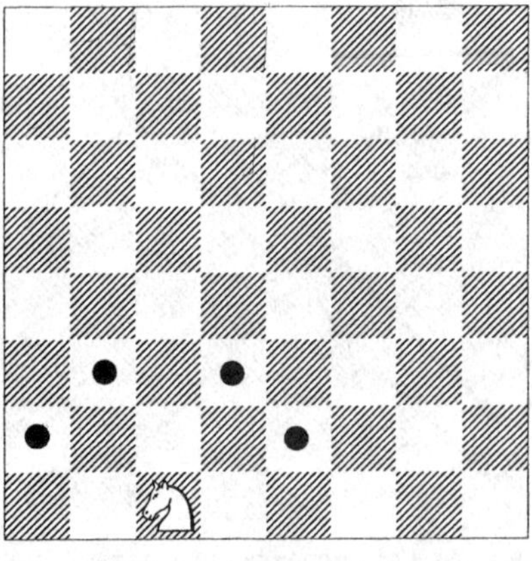

Fig. 25. Movimientos correctos de Caballo.

Es la pieza con la que se puede aprender a sorprender al adversario. Nunca se sabe en qué dirección va a atacar. Se verá que esta pieza es la ideal para jugar en posiciones cerradas, cuando los peones se encuentran trabados. Es interesante tener un Caballo sobre el tablero o campo de batalla, por si se presentan posiciones iguales a las mencionadas.

En el siguiente diagrama se verá la forma sorprendente de mover que tiene el Caballo. Las flechas indican el recorrido correcto:

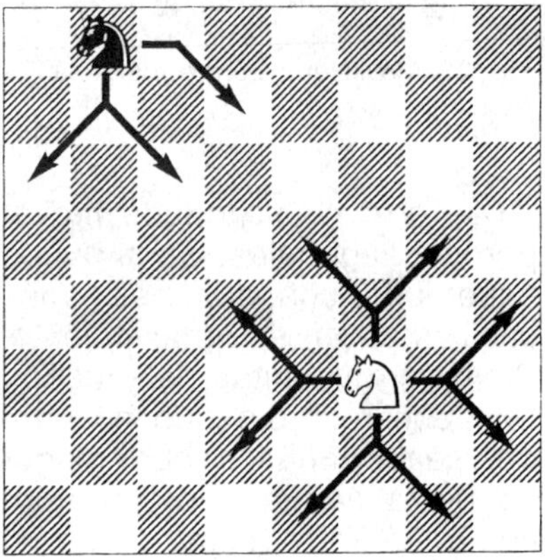

Fig. 26. Las flechas indican el movimiento del Caballo.

EL PEÓN

Es la única pieza del juego que no puede retroceder nunca. Cada bando dispone de ocho Peones, por lo que la totalidad es de dieciséis. Los Peones se mueven siempre hacia adelante, de frente.

En el primer movimiento el Peón puede ser avanzado a la casilla inmediata o a la siguiente, de la misma columna, es decir, dos pasos. Después de esta jugada inicial, únicamente puede ser avanzado a la casilla inmediata de delante, sin salirse nunca de la columna en su avance natural.

Veamos ahora la posición inicial de los Peones:

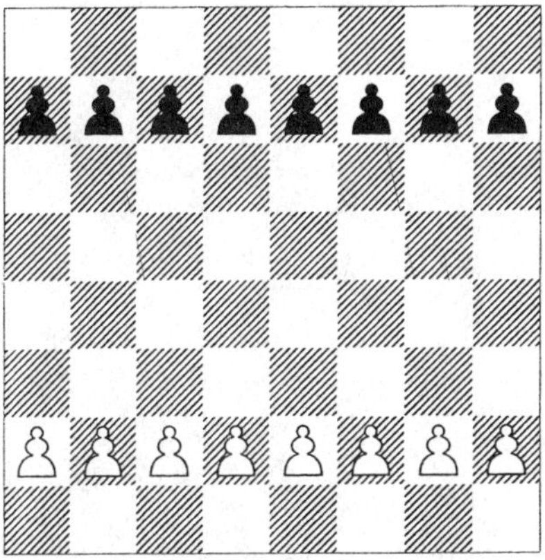

Fig. 27. Posición correcta de los peones antes de iniciarse el juego.

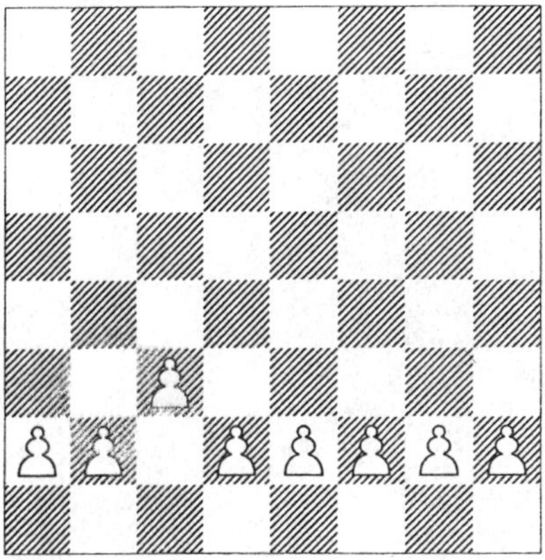

Fig. 28. Avance inicial de un Peón. Un solo paso o casilla.

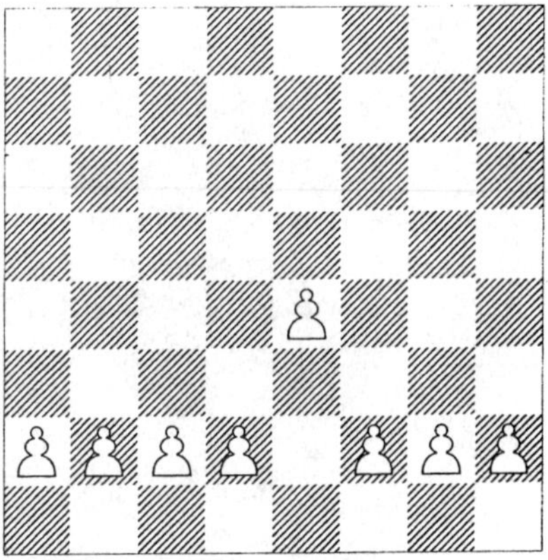

Fig. 29. Avance inicial de un Peón. Dos pasos o casillas.

Como colofón vamos a señalar unas premisas que no hay que olvidar nunca:

a) El Peón avanza en la columna en que se halla colocado, un paso adelante solamente. Y no puede retroceder nunca.

b) Saliendo de su casilla inicial, o sea la que le corresponde por la colocación de las piezas, puede avanzar, si así lo desea, tanto uno como dos pasos.

c) En su primer movimiento el Peón puede avanzar a la casilla inmediata o a la siguiente, en la misma columna en que se halla. Después de ese movimiento sólo se puede avanzar a la casilla inmediata de delante, y sin salir nunca de la propia columna.

El enroque

El enroque se hace solamente con el Rey y una Torre, indistintamente la de Rey o la de Dama, hallándose, naturalmente, ambas piezas en la casilla inicial. En esta jugada se mueven el Rey y una Torre, simultáneamente.

La que se realiza con la Torre de Rey se llama enroque corto, y la que se hace con la Torre de Dama enroque largo.

Este movimiento consiste en mover la Torre en dirección hacia el Rey dos pasos o casillas. Y al mismo tiempo el Rey se mueve dos casillas en dirección a su Torre. Ambos movimientos se cuentan solamente como una sola jugada.

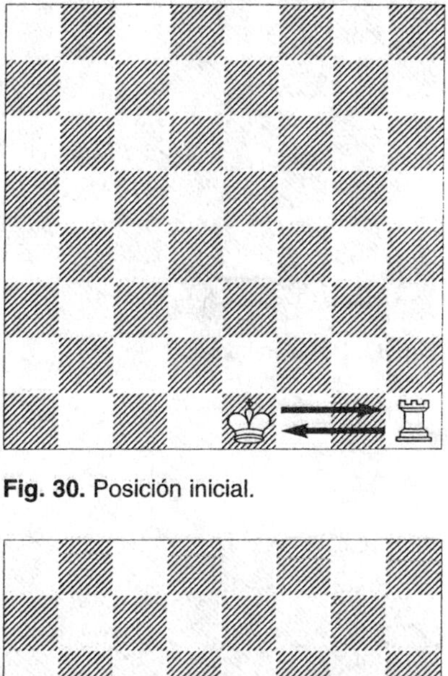

Fig. 30. Posición inicial.

ENROQUE CORTO

Se ha señalado que el que se hace en el flanco de Rey y con la Torre de ese mismo lado, se le conoce como enroque corto.

Los diagramas de las figuras 30 y 31 indican la manera de llevarlo a la práctica correctamente.

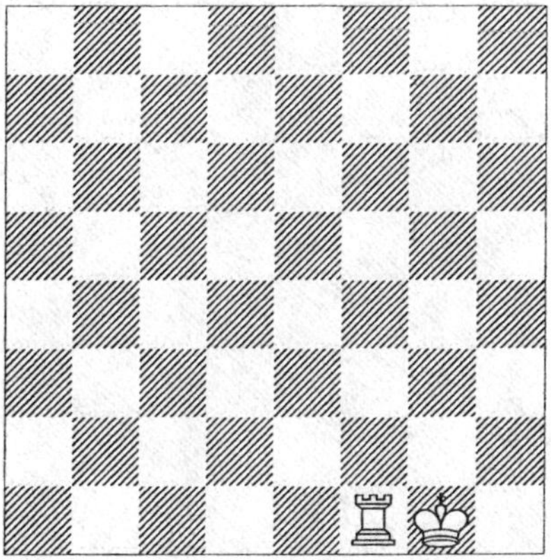

Fig. 31. Posición después de efectuado el enroque corto.

ENROQUE LARGO

Si estos movimientos se realizan con la Torre del flanco de Dama, al enroque se le conoce como enroque largo.

Examinamos los dos diagramas que ilustran el tema (figuras 32 y 33).

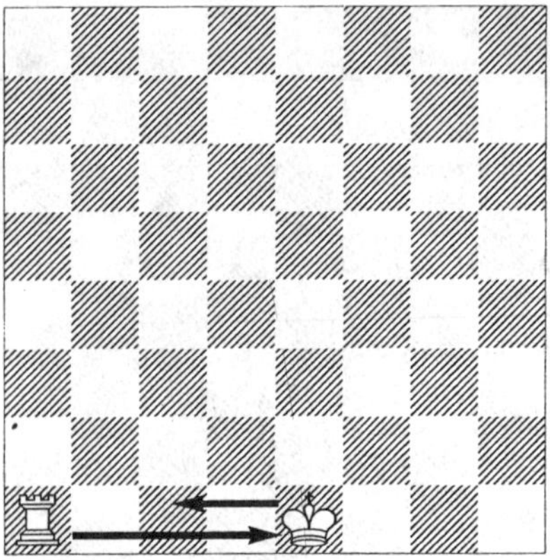

Fig. 32. Posición inicial.

¿CUÁNDO NO SE PUEDE ENROCAR?

Hay que tener en cuenta que no siempre se puede enrocar, puesto que hay algunas situaciones en las que está prohibido:

a) Si alguna de las dos piezas, el Rey o la Torre han sido movidas antes, aunque hayan vuelto a su posición inicial.
b) Cuando hay alguna pieza, propia o adversaria, que está situada entre el Rey y la Torre.
c) Cuando el Rey está recibiendo jaque.
d) Cuando están dominadas por una pieza contraria una o las dos casillas más inmediatas al Rey y que se encuentran entre éste y la Torre.

Los siguientes diagramas darán una más clara idea sobre todo lo que hemos indicado:

Fig. 33. Posición después de haber efectuado el enroque largo.

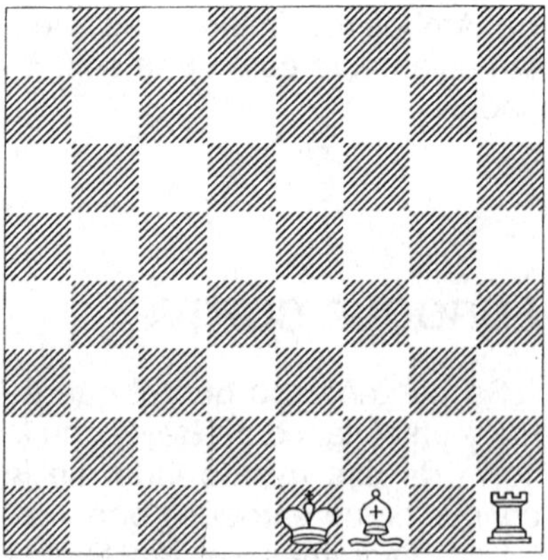

Fig. 34. Cuando una pieza propia está situada entre el Rey y la Torre.

Fig. 35. Cuando una pieza adversaria está situada entre el Rey y la Torre.

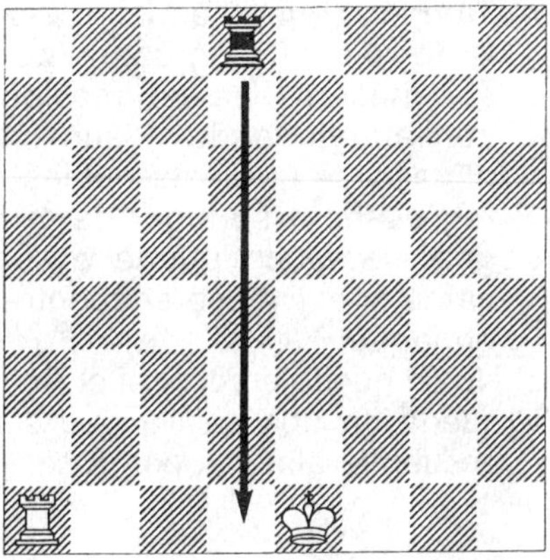

Fig. 37. Cuando una casilla está dominada por una pieza adversaria.

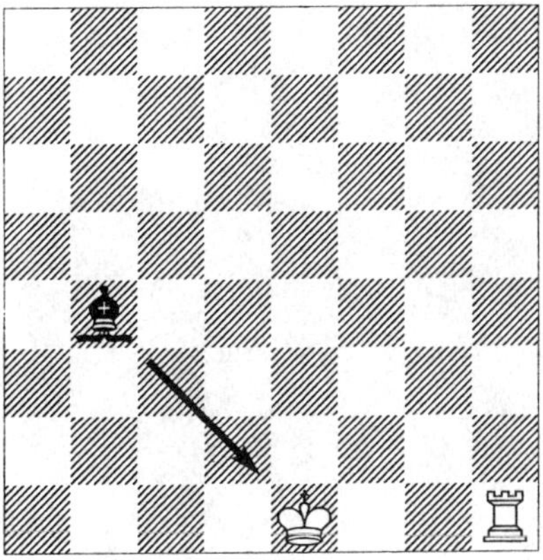

Fig. 36. Cuando el Rey recibe jaque.

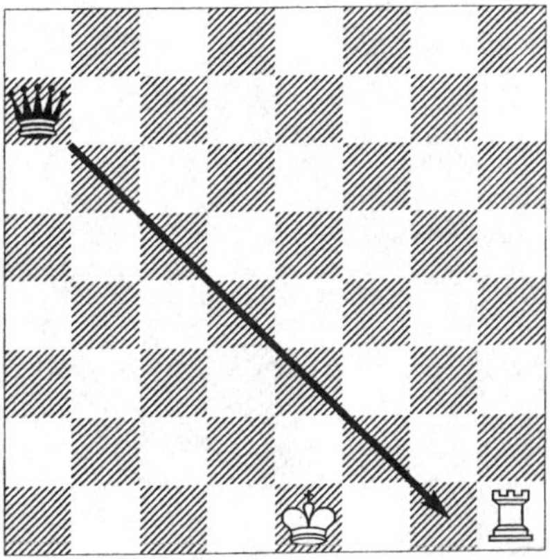

Fig. 38. El cuadro señalado por la flecha está atacado por la Dama enemiga.

PRINCIPALES CAUSAS QUE IMPIDEN EL ENROQUE

Como punto final a este tema relacionado con el enroque, haremos un resumen sobre todo lo que se ha expuesto sobre el mismo.

Hay que recordar que no siempre se podrá realizar el enroque. Hay algunos casos en que está prohibido.

Hay que tener muy en cuenta las siguientes normas:

a) Una vez se ha movido el Rey en una partida, posteriormente no puede realizarse el enroque. Ni aun cuando haya regresado a su posición de origen.

b) Tampoco puede enrocarse si la Torre del flanco donde desea hacerse se ha movido con anterioridad. Ni aun en el caso de que ésta hubiese regresado a su lugar de origen. Tampoco puede enrocarse si el Rey se encuentra en jaque.

c) No se puede enrocar si el Rey queda en una casilla que se encuentra atacada por el contrario. El Rey no puede colocarse en una casilla en que se encuentre amenazado.

d) No se puede enrocar si el Rey tiene que moverse a través de una casilla que está siendo atacada por piezas adversarias.

e) Tampoco se puede enrocar si existe alguna pieza en cualquiera de las casillas entre el Rey y la Torre del flanco en que se desea efectuar la jugada.

La coronación del Peón

Con los Peones se produce una especial circunstancia que ahora vamos a explicar. Y es que, tras los sucesivos avances, al llegar a la octava fila puede transformarse en cualquier pieza propia, a excepción del Rey u otro Peón. No puede pedirse una pieza enemiga.

Esta jugada es conocida como coronación del Peón o transformación en otra pieza.

Expondremos ahora unos ejemplos en los que puede verse un Peón llegando a la octava fila.

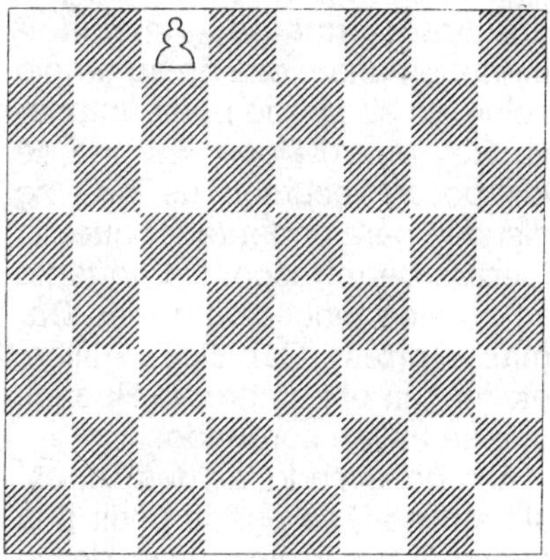

Fig. 40. Coronación del Peón.

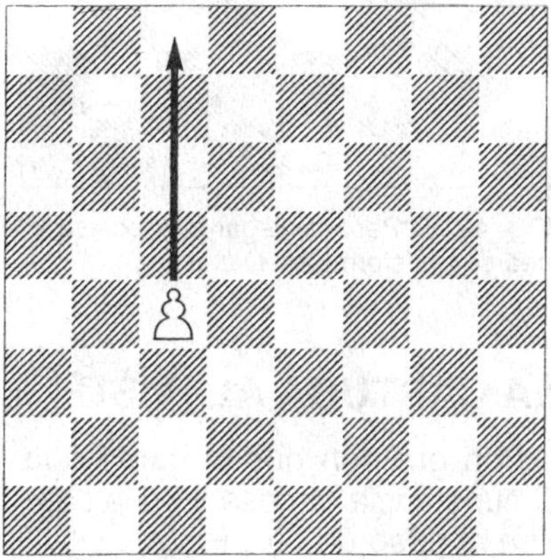

Fig. 39. Avance de un Peón.

Fig. 41. Transformación de un Peón en Dama.

FORMA DE CORONACIÓN DEL PEÓN

Los Peones, como soldados de infantería, debido a los sucesivos avances por su propia columna u otra (si ha efectuado previas capturas de piezas adversarias) puede llegar a la última línea del tablero, o sea, la octava. Si se logra hacerlo, ese Peón puede coronarse.

Si se corona un Peón éste podrá transformarse inmediatamente en una pieza de su propio color. No se puede pedir un nuevo Rey u otro Peón. Es uno de los pocos recursos de que se dispone para poder tener nuevas fuerzas de refresco. Por lo tanto se pueden tener dos o más Damas, Torres, Caballos, Alfiles, etc. según el número de Peones que se hayan coronado.

Aun poseyendo las dos Torres, si se desea, se puede pedir una nueva Torre u otra pieza de su propio color.

Para una mejor y más clara idea de todo lo expuesto:

a) El Peón puede coronarse al llegar a la octava línea, transformándose en cualquier pieza del propio color, excepto Rey o Peón.

b) El Peón puede llegar a la octava línea, aunque no sea la de su propia columna de origen. Una o más capturas pueden desplazar a un Peón hacia columnas laterales.

Veremos ahora algunos ejemplos de coronación de Peón en los diagramas de las figuras 42, 43, 44, 45 y 46.

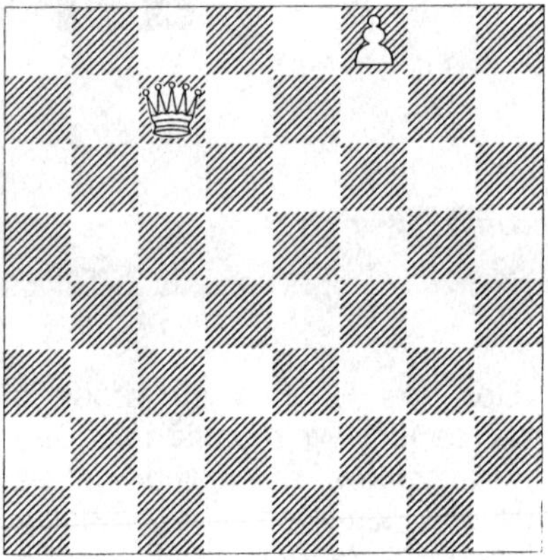

Fig. 42. El Peón llega a la octava línea.

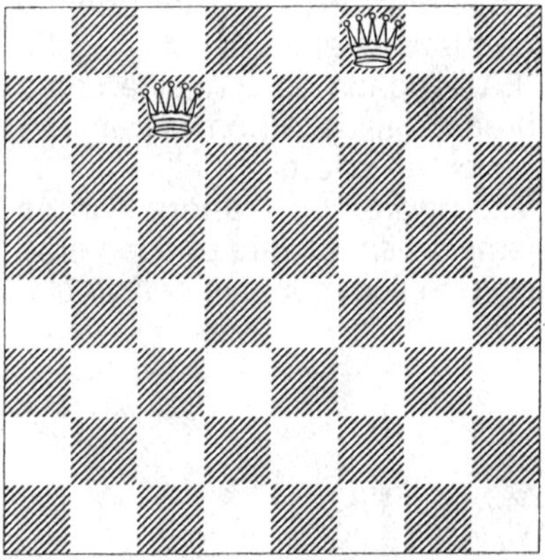

Fig. 43. El Peón al llegar a la octava línea se transforma en Dama.

LA CAPTURA AL PASO

Con el Peón puede darse una circunstancia curiosa y es la captura al paso de otro Peón.

Se puede tomar al paso a cualquier Peón que, avanzando

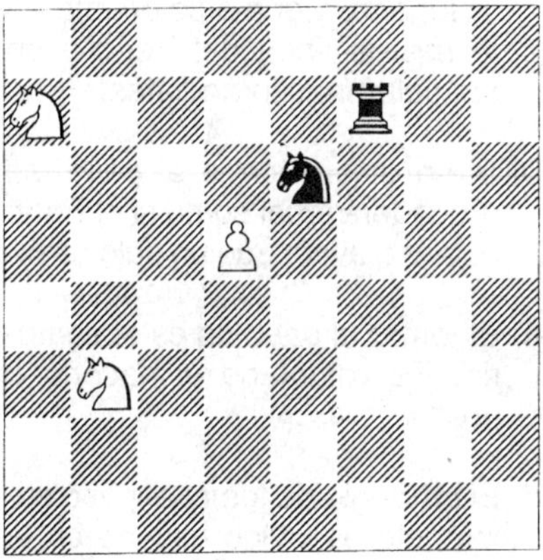

Fig. 44.

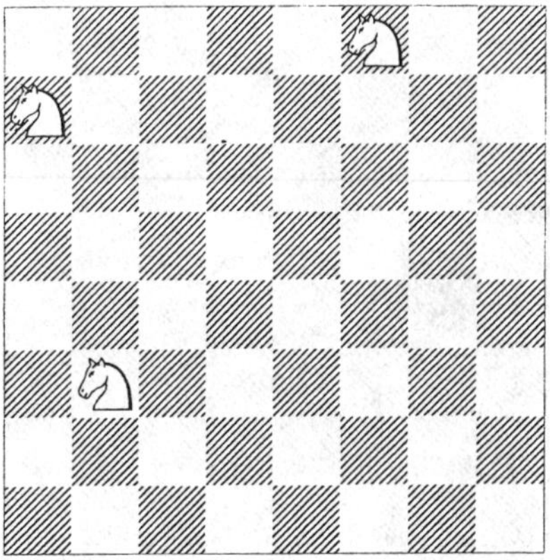

Fig. 46. El Peón se corona y pide Caballo u otra pieza a elegir, tras cambiar de columna después de dos capturas.

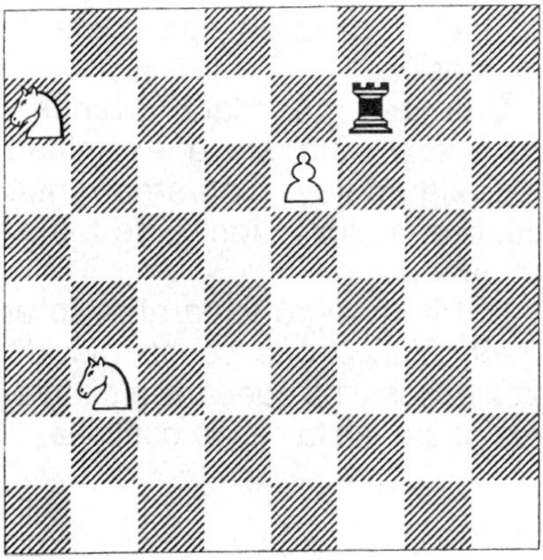

Fig. 45.

dos pasos, desde su casilla de origen, viene a colocarse en la misma fila de otro Peón y en las columnas inmediatas.

El capturar al paso el Peón es voluntaria, nunca obligatoria, y se procede de igual forma como se haría si el Peón solamente hubiese sido movido un paso.

El Peón capturado de esta manera ha de retirarse del tablero.

Lo de tomar al paso únicamente puede hacerse en el movimiento siguiente al salto del Peón enemigo. Pasada esta jugada no se podrá capturar ya el Peón.

Veremos ahora en las figuras 47 a 52 unos diagramas que darán un poco más de luz a todo cuanto hemos indicado sobre este tema.

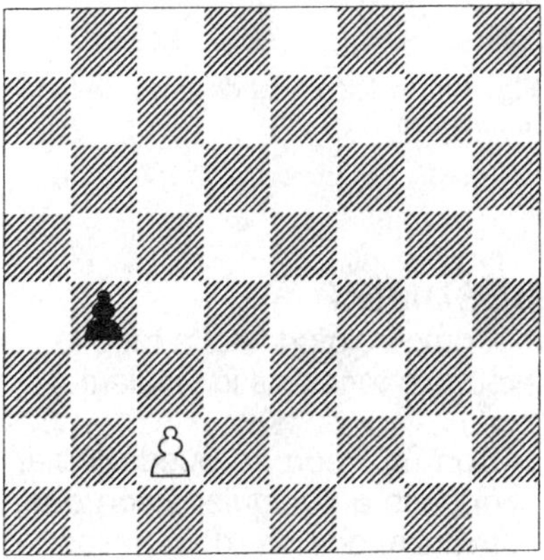

Fig. 47. Situación inicial.

Fig. 48. Posición después del avance del Peón.

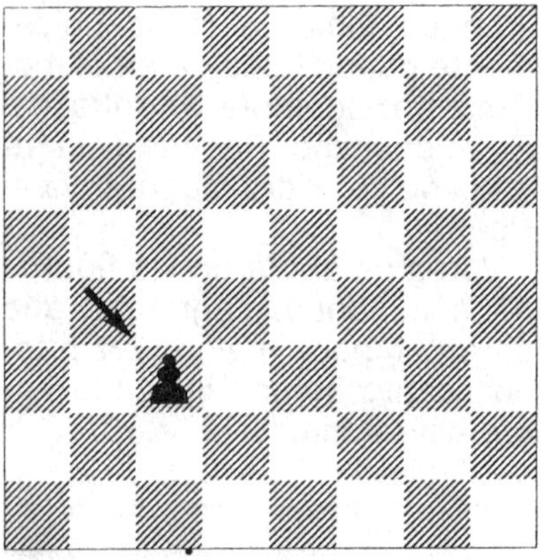

Fig. 49. Posición final después de la toma al paso.

RESUMEN

Como colofón final a todo lo expuesto tenemos lo siguiente:

a) Con un Peón se puede tomar al paso a cualquier Peón que, avanzando los dos pasos a que tiene derecho en su primera jugada, viene a colocarse en la misma línea del Peón y en las columnas inmediatas.

b) Si se quiere tomar al paso, se procederá igual como si el Peón hubiese avanzado un solo paso.

c) El tomar al paso no es obligatorio. Es voluntario el hacerlo o no.

d) El privilegio de tomar al paso solamente es válido hacerlo en la movida o jugada siguiente al salto del Peón adversario. Pasada esta jugada, no se podrá ya tomar al paso en otra posterior ocasión.

Una idea más clara la tendremos expuesta si se examinan los siguientes diagramas que ilustran mejor la forma de tomar al paso.

El Peón negro toma al paso al Peón blanco que se ha movido dos pasos y ha quedado a su misma altura, en la casilla contigua.

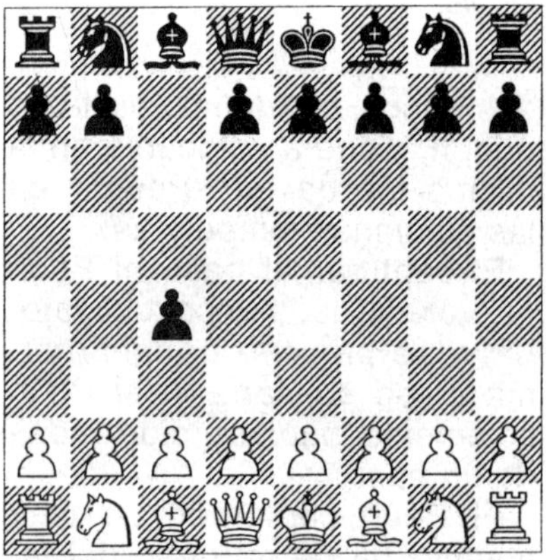

Fig. 50.

Fig. 51.

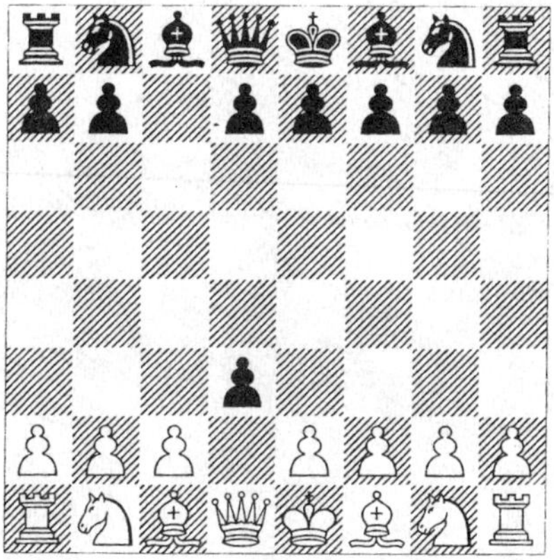

Fig. 52.

La forma de capturar de las piezas

Cualquier pieza, exceptuando el Peón, puede tomar o capturar a otra adversaria que se halle situada en una casilla adonde pueda trasladarse en su recorrido habitual.

Esta toma de pieza se realiza quitando de encima del tablero la pieza adversaria capturada y poniendo en su lugar la que ha efectuado la captura.

Examinemos ahora algunos ejemplos prácticos de tomas o capturas, basándonos en las siguientes reglas:

a) Todas las piezas pueden tomar o capturar a otra contraria.
b) Nunca podrán capturar a otra de su propio bando.
c) La pieza capturada deberá ser retirada del tablero.
d) Los Peones toman en diagonal. Pero nunca hacia adelante, por su columna.
e) Las demás piezas capturan según su propio recorrido.
f) Si se captura limpiamente una pieza del contrario, se habrá ganado material.
g) Tomar o capturar una pieza del adversario no es obligatorio. Se pueden tomar o no, siempre a voluntad del jugador.
h) La pieza que captura, la ganadora, pasa y debe ocupar la casilla anteriormente ocupada por aquélla, antes de ser capturada.

Unos ejemplos sobre las diferentes formas de tomar de las piezas, serán ilustradas en los siguientes diagramas que exponemos en cada caso.

EL PEÓN

Recordemos que el Peón no toma en el sentido de su movimiento.

Captura cualquier pieza adversaria situada en las columnas contiguas y en las casillas que corresponden a la línea delantera de la que ocupa.

Toma de la misma forma que se mueven los Alfiles.

Los Peones tienen una forma muy especial de capturar y se asemeja mucho, como hemos dicho antes, a la de los Alfiles, pero sólo pueden tomar sobre la casilla inmediata contigua, pero en diagonal y siempre siguiendo la trayectoria de su avance.

Veremos un claro ejemplo en el siguiente diagrama:

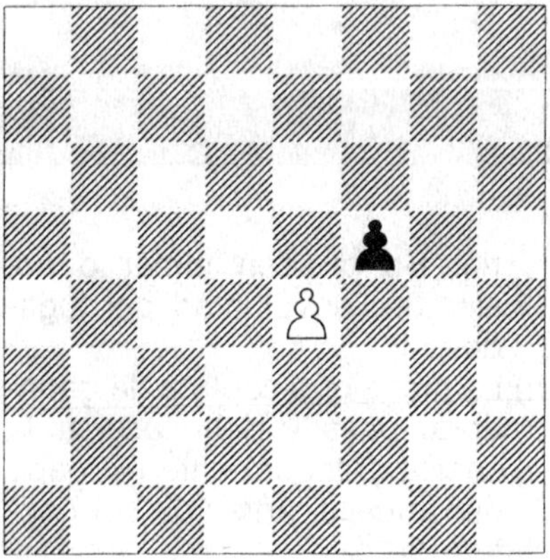

Fig. 53. Posición antes de efectuar la captura.

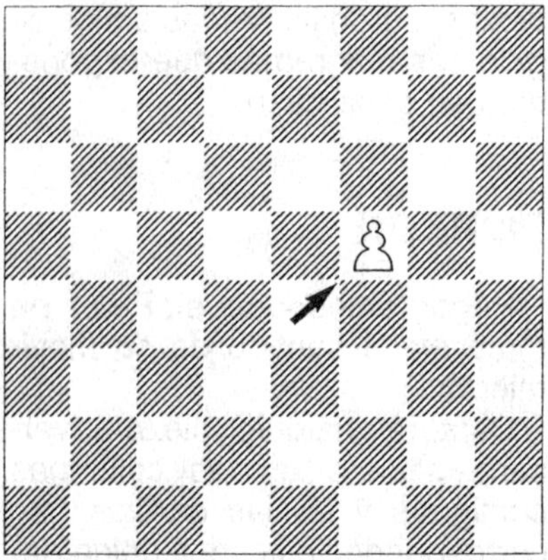

Fig. 54. Posición después de la captura.

EL REY

Estudiaremos los diferentes diagramas en los que se ve la forma de capturar por parte del Rey. Véanse las figuras 55 a 60, donde por medio de flechas se indica el movimiento realizado por la pieza que captura.

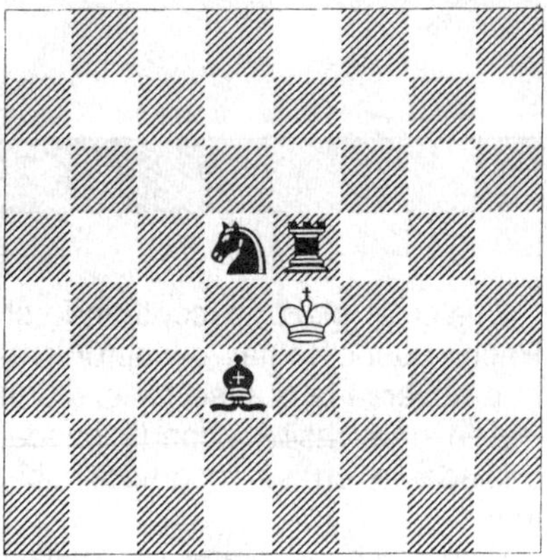

Fig. 55. Posición inicial.

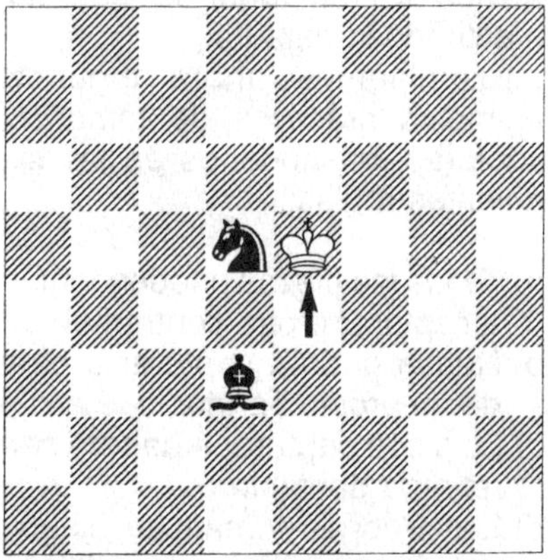

Fig. 56. Posición después de la primera captura por la que se ha optado.

LA DAMA

Veremos seguidamente algunos ejemplos de captura con la poderosa Dama.

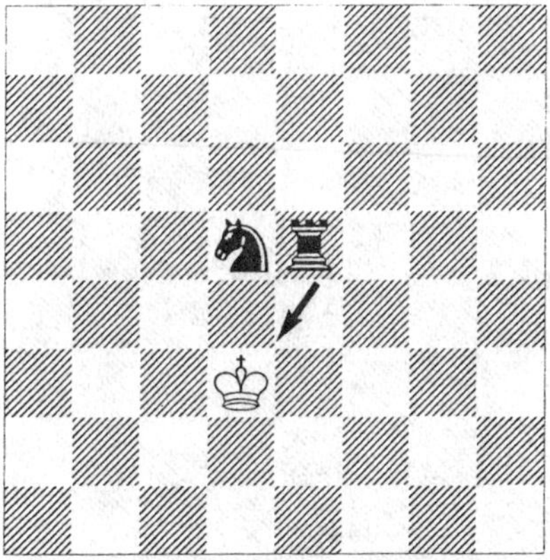

Fig. 57. Posición después de la captura si se ha optado por tomar otra pieza.

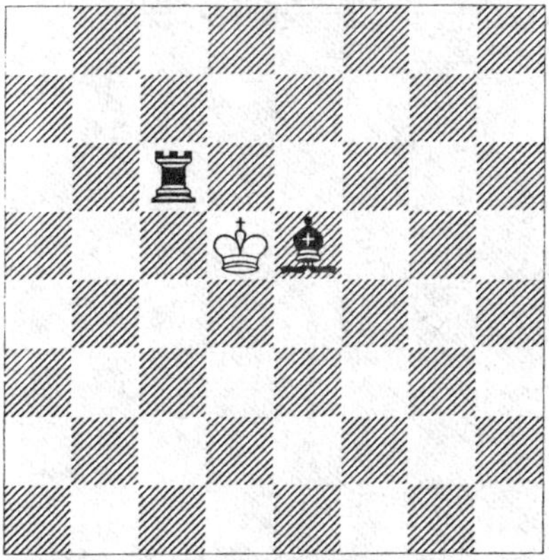

Fig. 58. El Rey blanco junto a unaTorre y un Alfil.

Fig. 59. El Rey captura y ocupa el lugar de la Torre.

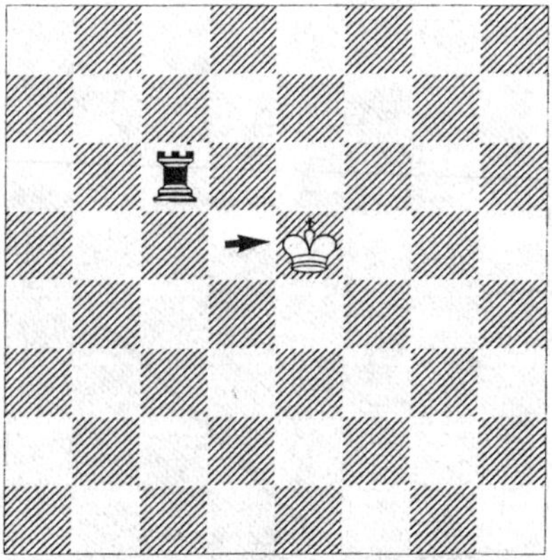

Fig. 60. El Rey captura y ocupa el lugar del Alfil.

La amplia capacidad de movimientos de que dispone la Dama, hace que sus posibilidades de capturar piezas adversarias sean mayores que las de otras piezas. El hecho de poder atacar desde cualquier dirección y utilizando todos los caminos posibles, hace que los supuestos de captura sean muchos, de los cuales, los más importantes se ofrecen en los diagramas de las figuras 61 a 67.

Fig. 61. Posición inicial

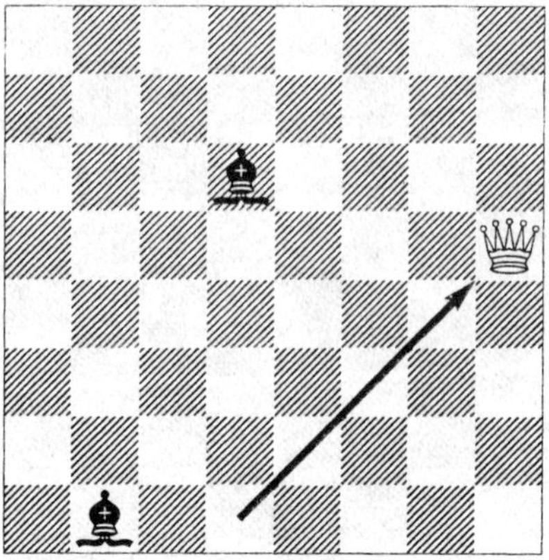

Fig. 62. Posición después de una captura.

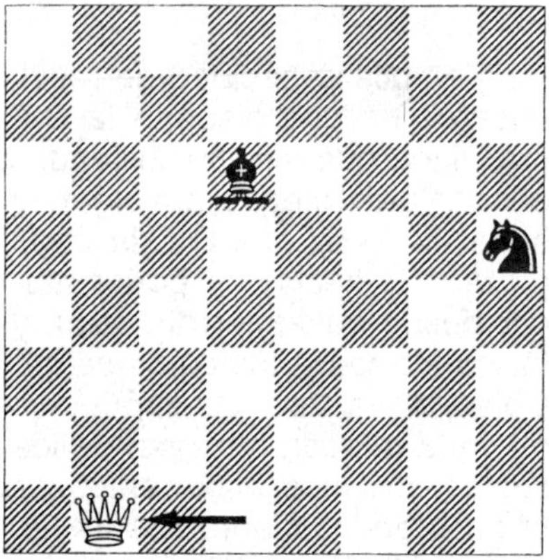

Fig. 63. Posición después de otra captura.

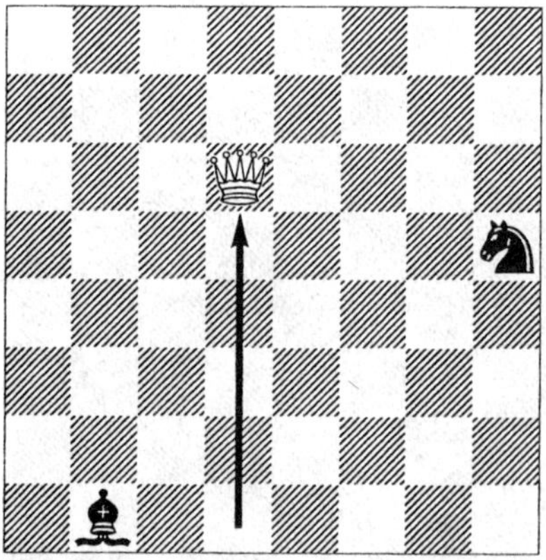

Fig. 64. Posición después de optar por capturar a otra pieza.

Fig. 65. La Dama blanca puede optar entre tomar el Caballo o el Peón negro.

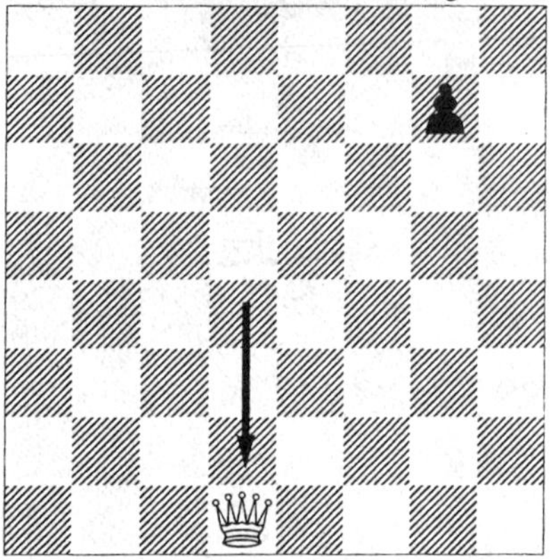

Fig. 66. La Dama captura y ocupa la casilla del Caballo.

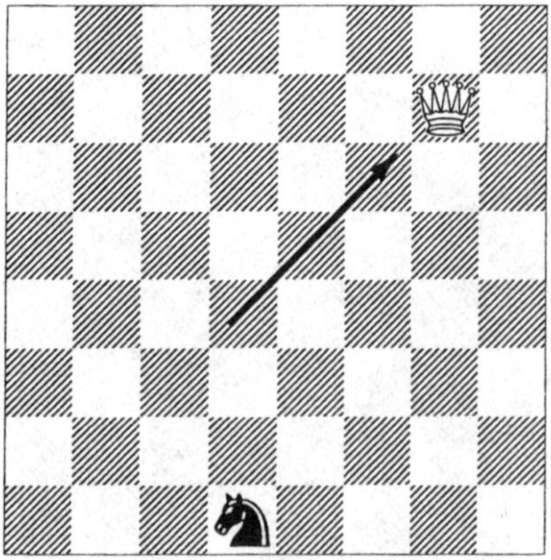

Fig. 67. La Dama captura y ocupa la casilla del Peón.

LA TORRE

Vamos a examinar algunos ejemplos de captura con la Torre, la pieza, después de la Dama, más poderosa del «ejército».

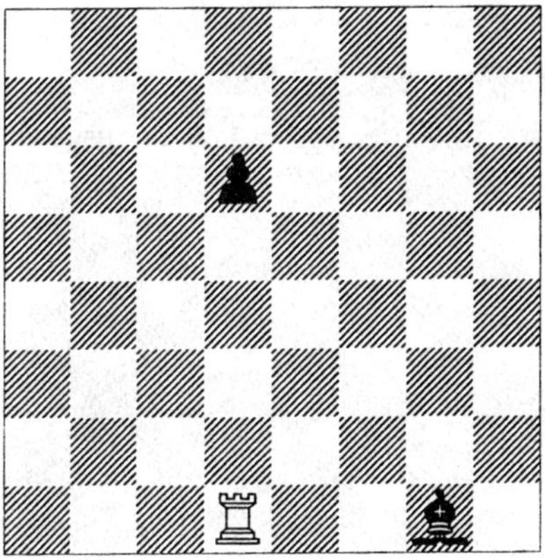

Fig. 68. Posición inicial.

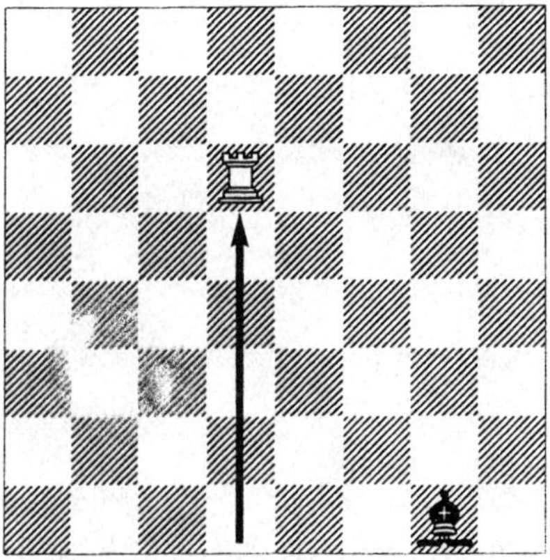

Fig. 69. Posición después de una captura.

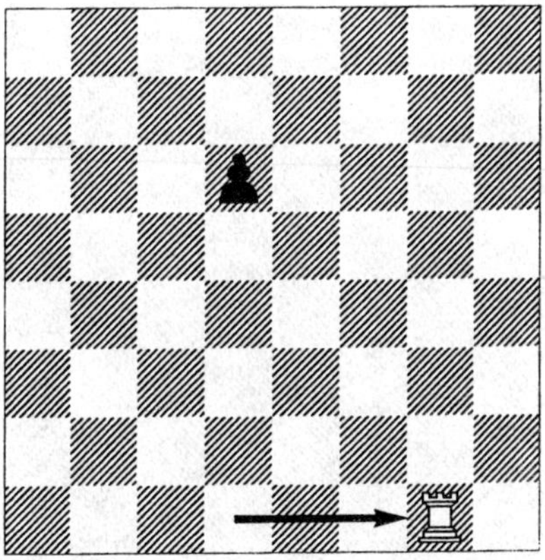

Fig. 70. Posición después de otra captura.

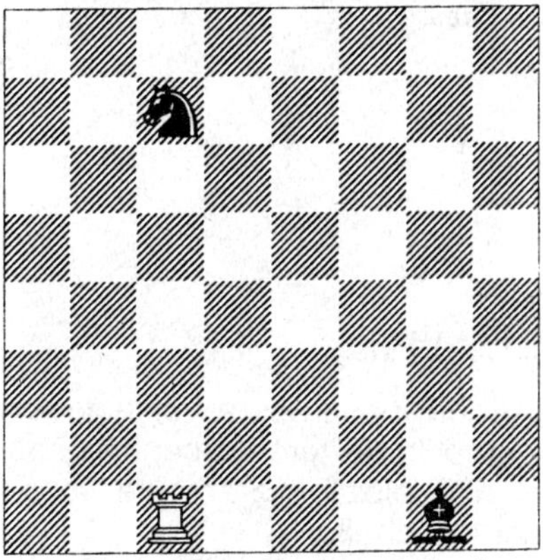

Fig. 71. La Torre amenaza al mismo tiempo al Alfil y al Caballo negros.

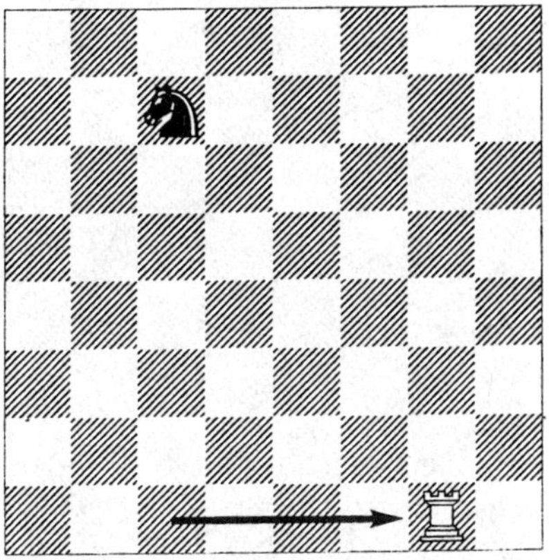

Fig. 72. La Torre captura y ocupa el lugar del Alfil.

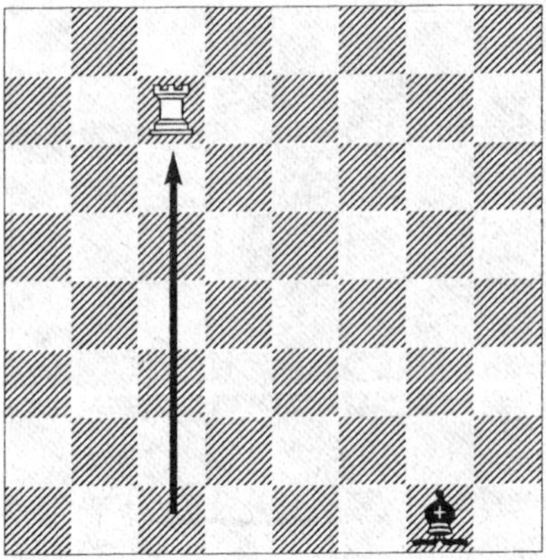

Fig. 73. La Torre captura y ocupa el lugar del Caballo.

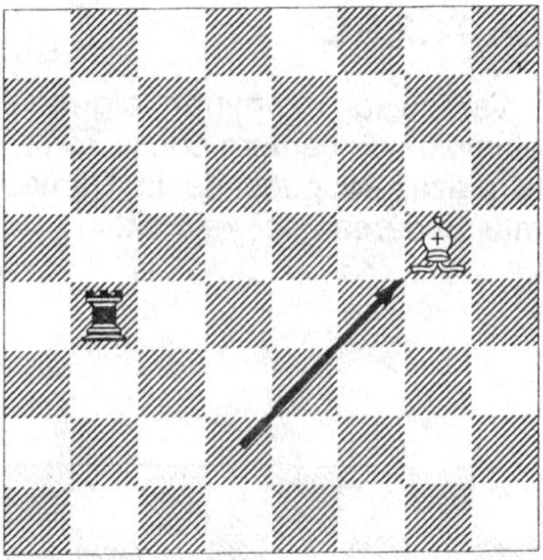

Fig. 75. Posición después de una captura.

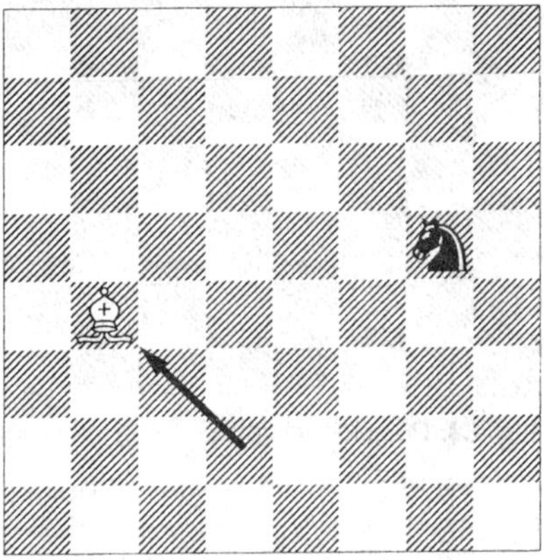

Fig. 76. Posición después de otra captura.

EL ALFIL

Ahora pasamos a ver algunos ejemplos de toma o captura con el Alfil, pieza ligeramente superior al Caballo.

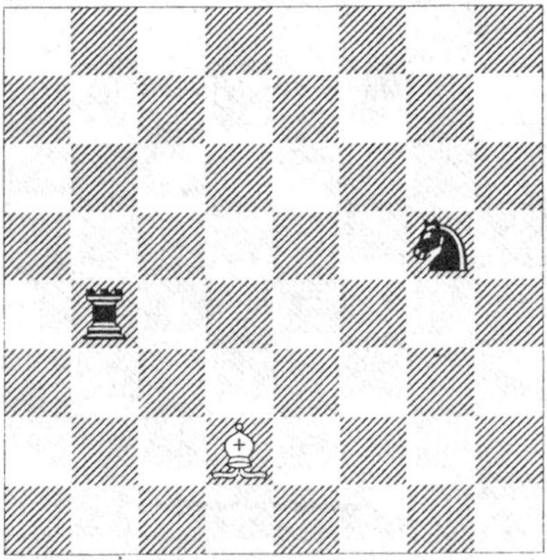

Fig. 74. Posición inicial.

Fig. 77. El Alfil amenaza al mismo tiempo a la Torre y al Peón.

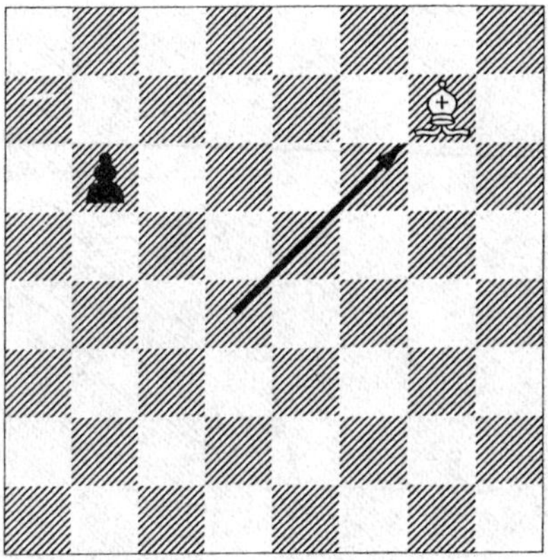

Fig. 78. El Alfil captura y ocupa el lugar de la Torre.

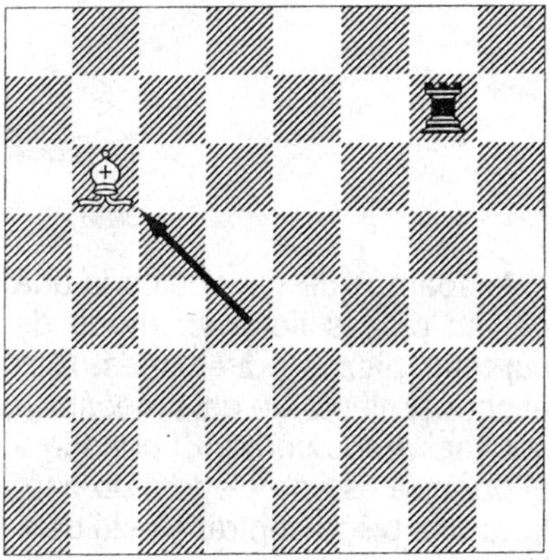

Fig. 79. El Alfil captura y ocupa el lugar del Peón.

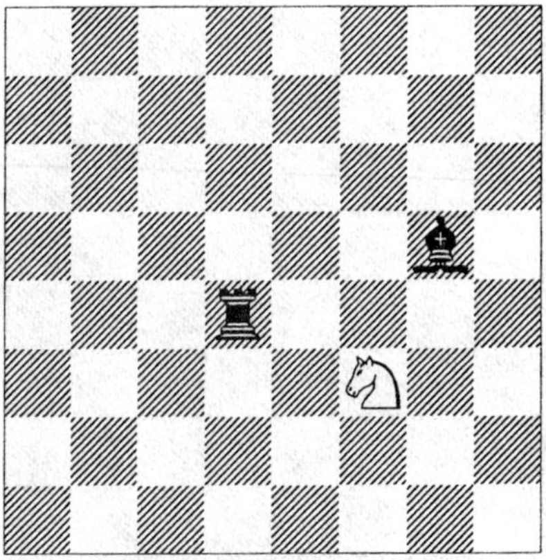

Fig. 80. Posición inicial.

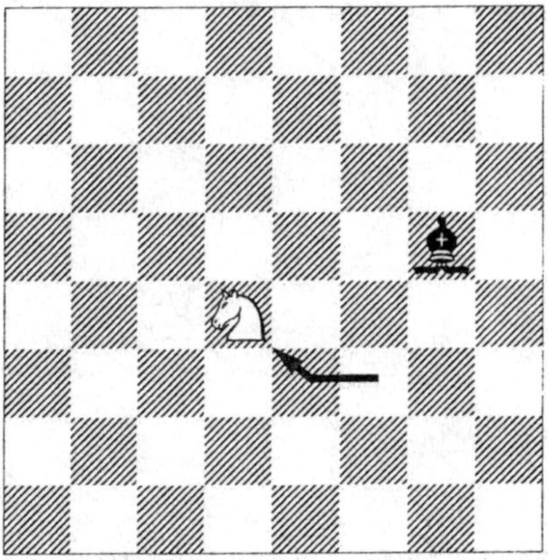

Fig. 81. Posición después de una captura.

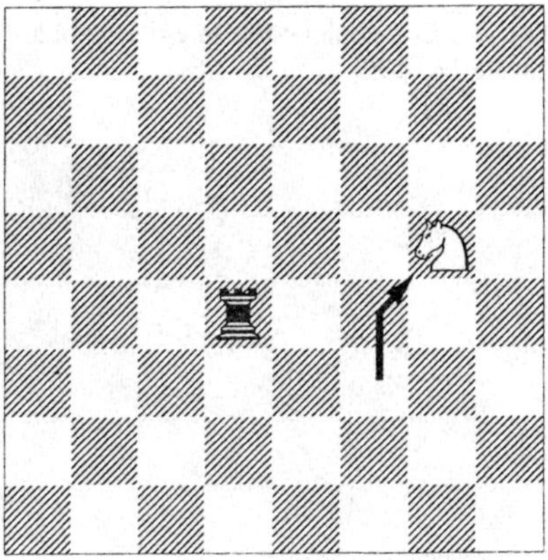

Fig. 82. Posición después de otra captura.

EL CABALLO

Ahora terminaremos este capítulo de tomas o capturas de piezas, en lo que se refiere al Caballo.

Fig. 83. El Caballo amenaza al mismo tiempo a la Torre y al Alfil.

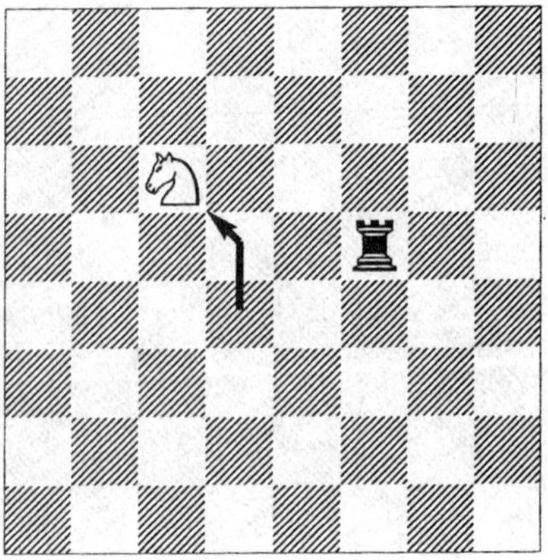

Fig. 85. El Caballo captura y ocupa el lugar del Alfil.

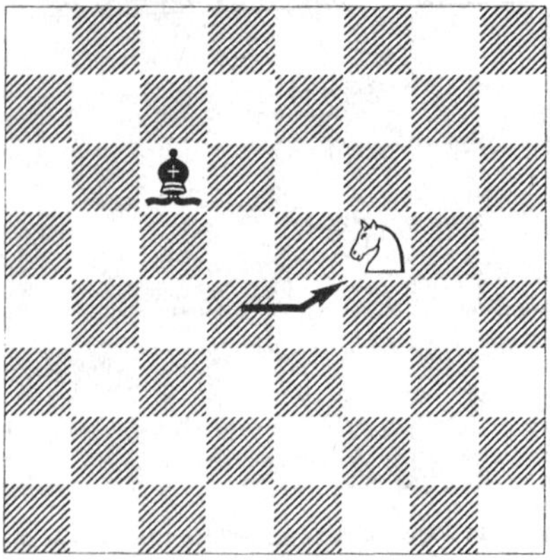

Fig. 84. El Caballo captura y ocupa el lugar de la Torre.

Acabamos de ver que cada una de las piezas tiene su modo de capturar piezas adversarias. Con el conocimiento de esta mecánica sólo sabemos cómo. El cuándo y el por qué es apropiado o no capturar una pieza contraria está dentro de las sutilezas del juego y lo iremos asimilando a lo largo de los próximos capítulos.

Forma de juego

Una vez se han colocado las piezas sobre el tablero se está preparado para iniciar la partida, cuya primera jugada la ha de hacer siempre el jugador que conduce las piezas blancas. Nunca han de iniciar el juego las negras.

A continuación, a la jugada blanca le sigue otra negra. Mueve otra vez el blanco y le contesta el negro, y así sucesivamente hasta la terminación de la partida.

O sea, para una mejor idea de todo lo expuesto, diremos que las jugadas se hacen de forma alterna, es decir, que una jugada blanca es contestada por otra del negro. Le contesta el blanco y le replica de nuevo el negro, etc. y así sucesivamente.

A las primeras jugadas de cualquier partida se las conoce con el nombre de apertura.

Límite y modificación del movimiento de las piezas

Un movimiento, tanto de las blancas como de las negras, se puede ver limitado o interrumpido por diversos e importantes motivos, tales como:

1) Haber en su camino una pieza del propio bando.

2) Encontrar en su recorrido una pieza adversaria.

Veamos, por separado, cada uno de esos apartados.

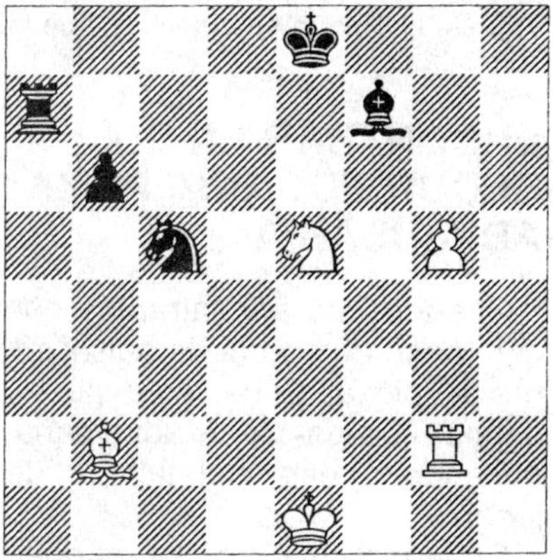

Fig. 86. Posición inicial.

HABER EN SU CAMINO UNA PIEZA DEL PROPIO BANDO

No se puede saltar o pasar sobre la pieza, por lo que la misma limita el recorrido a efectuar.

En los diagramas siguientes veremos algunos ejemplos sobre el tema que analizamos.

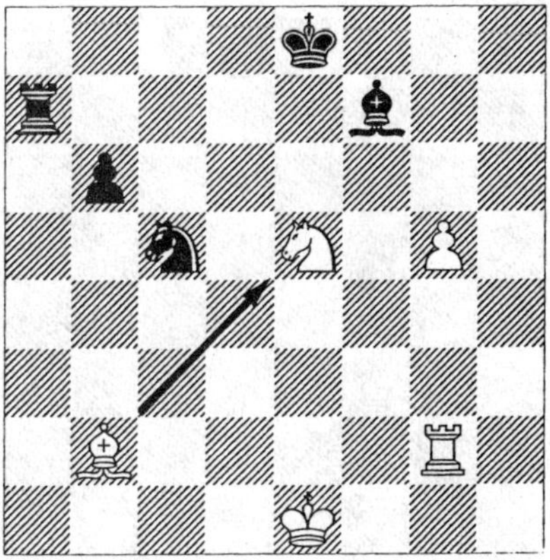

Fig. 87. Limitación en el recorrido del Alfil.

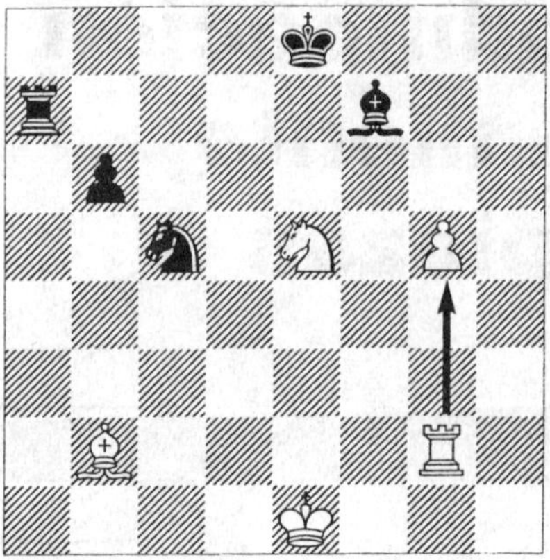

Fig. 88. Limitación en el recorrido de la Torre.

ENCONTRAR EN SU RECORRIDO UNA PIEZA ADVERSARIA

Cuando nos encontramos con este caso no se puede saltar sobre la pieza, pero sí se puede ocupar el lugar de la adversaria, quitando a ésta del tablero de juego.

Este movimiento se conoce con el nombre de toma o captura.

Unos diagramas ilustrarán más claramente el tema.

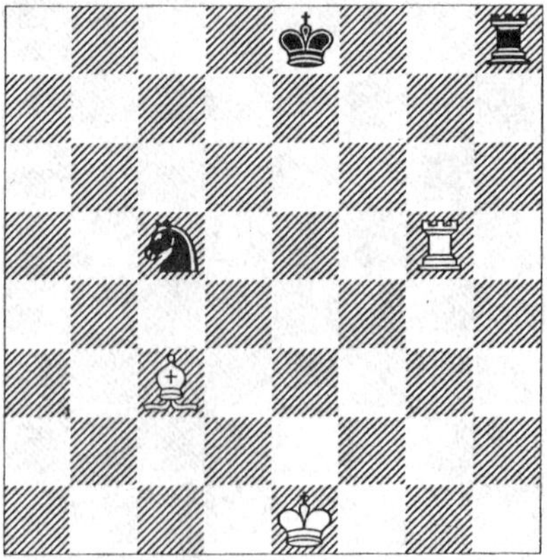

Fig. 89. Posición inicial.

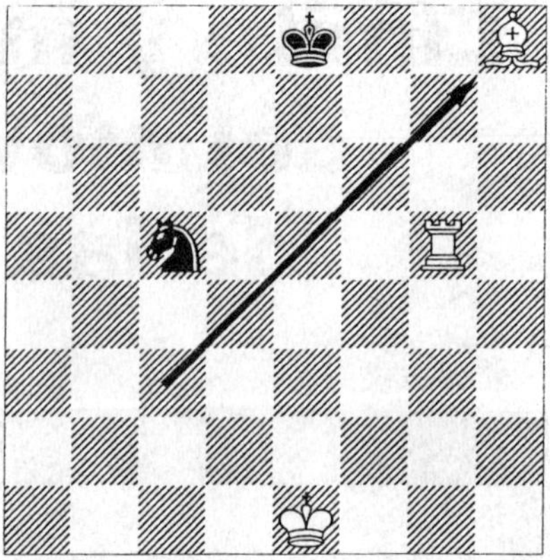

Fig. 90. Posición después de la primera captura con el Alfil.

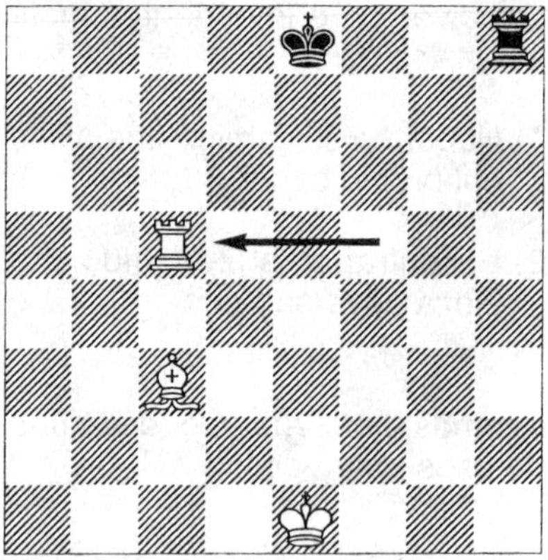

Fig. 91. Posición después de la segunda captura con la Torre.

Valor numérico de las piezas

Tomando como unidad al sencillo y simple Peón, o soldado de infantería en esta guerra de ejércitos, se pueden admitir los siguientes valores para las diferentes piezas que comprenden el juego:

Peón . . . . **1 punto**
Caballo . . . . . . **3 puntos**
Alfil . . . . **3,5 puntos**
Torre . . . . **5,5 puntos**
Dama . . . . **10 puntos**
Rey . . . . **4 puntos**

Bastantes tratadistas le dan al Rey un valor de 4,5 puntos.

Por lo tanto, vemos que cuatro peones valen más que un Alfil o un Caballo, individualmente.

Que un Alfil vale algo más que un Caballo.

Que dos Torres son ligeramente superiores a una Dama.

Que dos Caballos, dos Alfiles o un Alfil y un Caballo valen más que una Torre.

Que una Dama vale más que una Torre y un Alfil o Caballo.

Que tres piezas menores, son ligeramente superiores a una Dama (dos Caballos y un Alfil o dos Alfiles y un Caballo).

Generalmente una Dama vale más que ocho peones.

Una Torre vale cinco peones, por lo menos.

Signos convencionales

Podemos añadir que en el juego del ajedrez también hay signos convencionales. En ellos se suelen reflejar, por ejemplo, el enroque corto y largo, las buenas y malas jugadas, ventaja blanca o negra, igualdad, jaque, jaque mate, etc.

Pero para tener un más claro concepto de lo expuesto, nada mejor que resumir y dar la equivalencia de los principales signos convencionales del juego:

0-0	enroque corto
0-0-0	enroque largo
!	buena jugada
!!	jugada muy buena
?	mala jugada
!?	jugada dudosa
??	jugada muy mala
x	captura
:	captura
a.p.	al paso
⩲	el blanco tiene una ligera ventaja
±	el blanco tiene una neta ventaja
⩱	el negro tiene una ligera ventaja.
∓	el negro tiene una gran ventaja
=	igualdad
+	jaque al Rey
++	jaque mate

El jaque

Cuando se haga una jugada que amenace tomar al Rey adversario es obligatorio avisarlo diciendo la palabra «jaque».

El Rey nunca puede ser capturado.

Lo que se debe hacer cuando el Rey se encuentra en «jaque»:

1) Capturar la pieza que jaquea.

2) Obstruir el jaque con una pieza propia.

3) Mover el rey, quitándolo de la trayectoria del jaque adversario.

A continuación vamos a dar varios ejemplos que explicarán más claramente cada uno de esos tres apartados que hemos señalado.

Vamos a tratar este tema del jaque hasta que el aficionado lector quede saturado sobre su contenido. No podemos seguir adelante en este libro hasta que el jugador se adentre profundamente sobre el intrincado mundo del jaque y sus diversas modalidades.

CAPTURAR LA PIEZA QUE JAQUEA

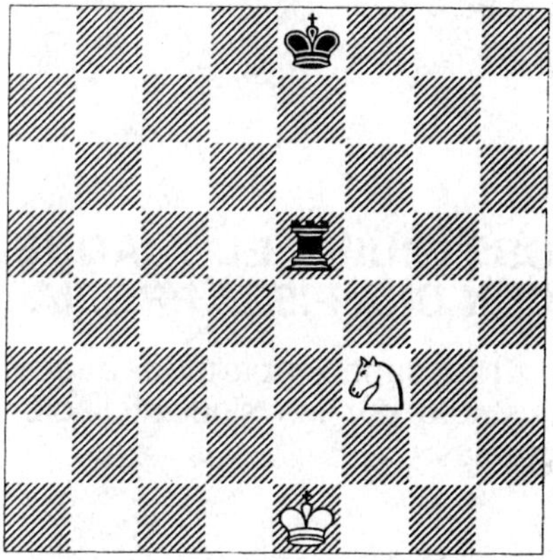

Fig. 92. Posición inicial (Torre amenaza Rey).

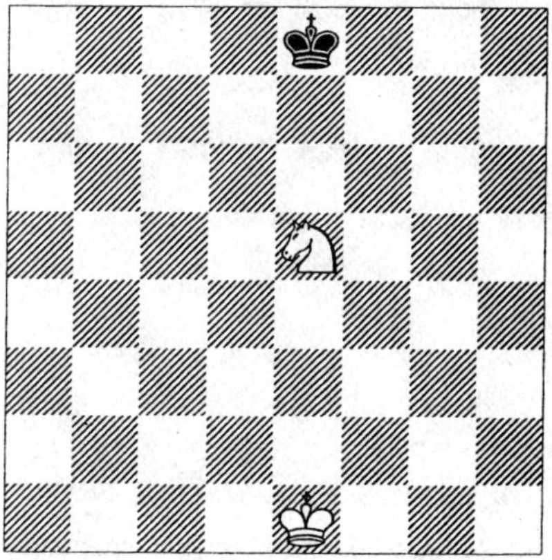

Fig. 93. La pieza atacante es capturada.

El jaque, como se recordará, consiste en el ataque directo al Rey adversario, por medio de alguna pieza. Si así ocurre nada mejor que memorizar y practicar las modalidades que hay sobre esta materia:

a) Por medio de un Peón,
b) Por medio de un Caballo,
c) Por medio de un Alfil,
d) Por medio de una Torre, y
e) Por medio de una Dama.

Estas jugadas las esquematizamos en los diagramas de las figuras 98 a 102.

OBSTRUIR EL JAQUE CON UNA PIEZA PROPIA

El segundo apartado queda ilustrado por los siguientes diagramas:

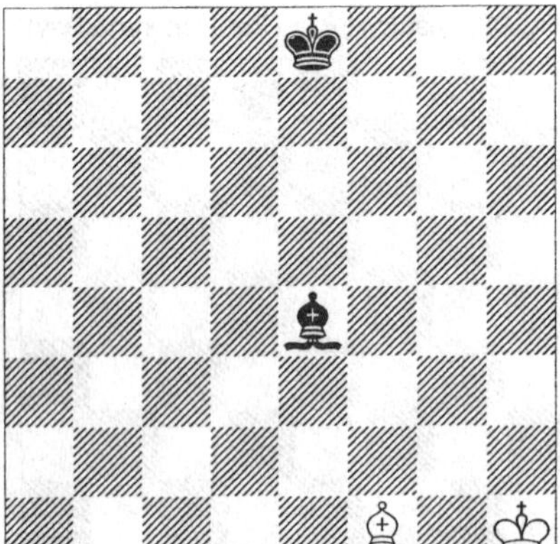

Fig. 94. Posición inicial (el Alfil amenaza al Rey).

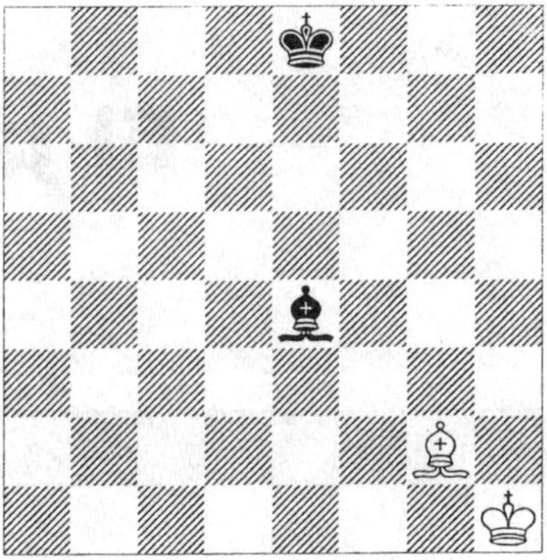

Fig. 95. El Alfil obstruye la acción de la pieza atacante.

MOVER EL REY QUITÁNDOLO DE LA TRAYECTORIA DEL JAQUE ADVERSARIO

Este tercer apartado quedará bien reflejado con los siguientes diagramas:

Fig. 96. Posición inicial (la Torre amenaza al Rey).

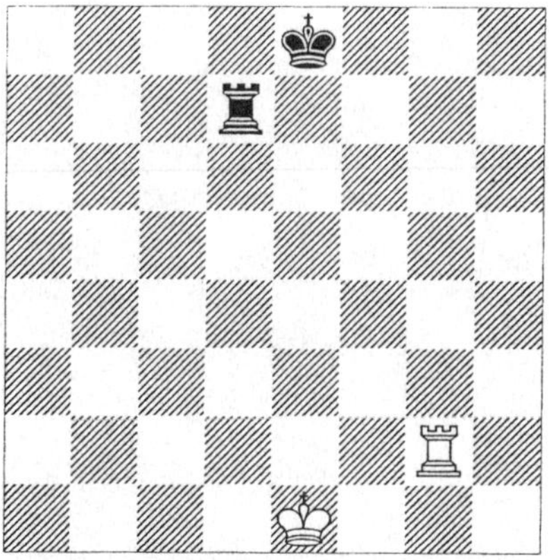

Fig. 97. El Rey es movido y se sale del jaque adversario.

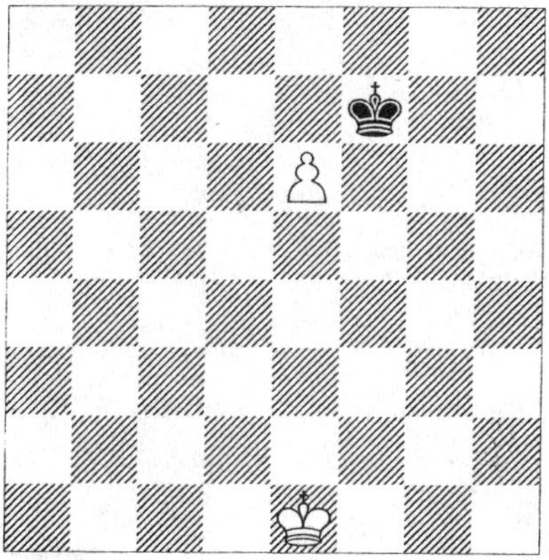

Fig. 98. Jaque de Peón.

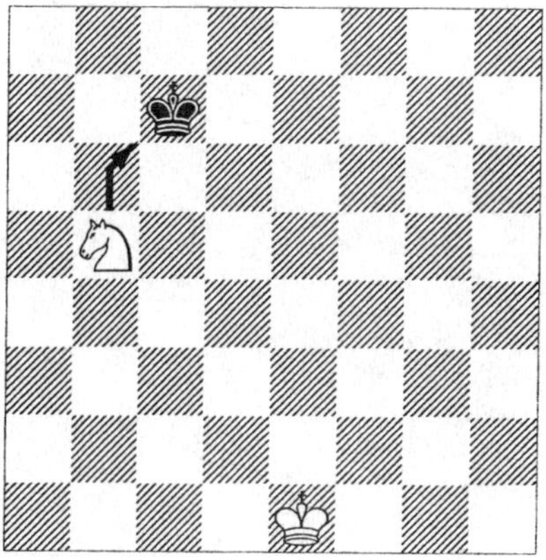

Fig. 99. Jaque de Caballo.

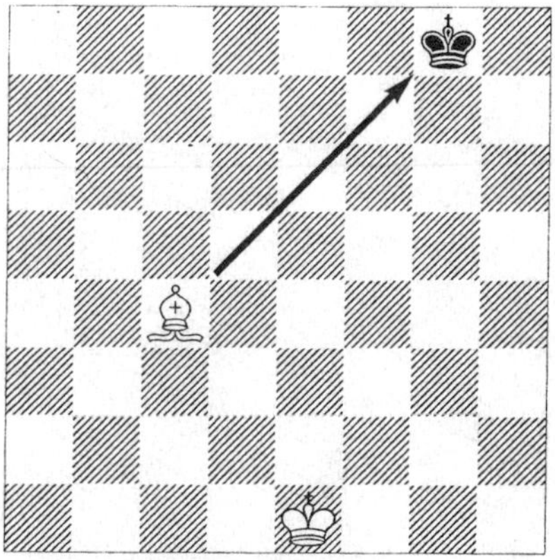

Fig. 100. Jaque de Alfil.

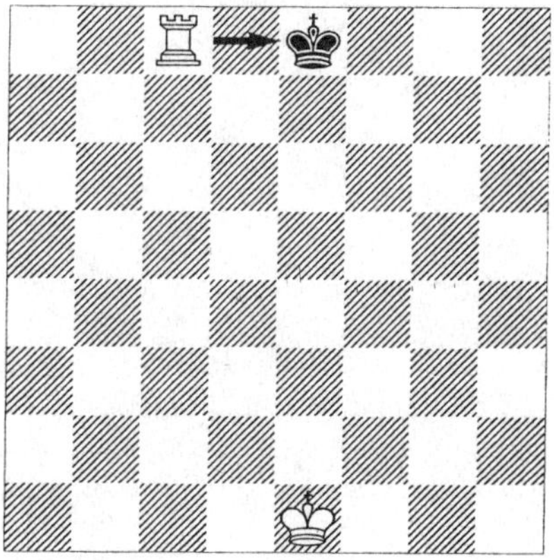

Fig. 101. Jaque de Torre.

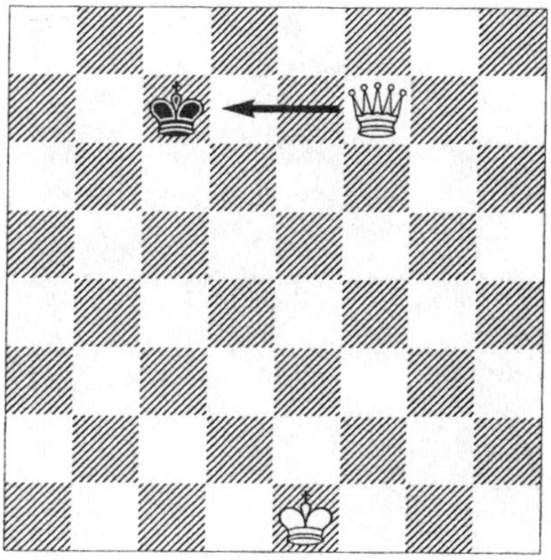

Fig. 102. Jaque de Dama.

El mate

Cuando el Rey no puede huir por ninguna casilla contigua y es imposible tomar la pieza amenazante, así como tampoco interponer una propia en su recorrido, suele decirse que el Rey está en mate, o más habitualmente, en jaque mate.

En estas especiales circunstancias la partida finaliza y pierde la misma el jugador que lo recibe. Y, por lo tanto, la partida es ganada por el jugador que da jaque mate.

El objeto primordial de todas las combinaciones que se producen en una partida de ajedrez se centra principalmente en la búsqueda de dar jaque mate al Rey enemigo. Las partidas finalizan al producirse el mate y los jugadores que lo reciben, al verse en esta desagradable posición, suelen inclinar el Rey en señal de rendición o abandono.

No siempre la partida termina con mate o abandono del rival, ya que a veces resulta imposible dar mate con las piezas que quedan sobre el tablero. En estos casos la partida finaliza en empate o tablas, es decir, sin ganador ni perdedor.

Seguidamente vamos a reproducir algunas importantes posiciones de mates o jaques mates para que el aficionado pueda darse una clara idea de todo cuanto se ha expuesto en este apartado.

En muchas clases de mate se ha de tener el propio Rey enfrentado al contrario, o sea, frente a frente. De lo contrario, el Rey adversario tiene una casilla de escape o huida.

Veamos unos diagramas que ilustran las posiciones de reyes enfrentados:

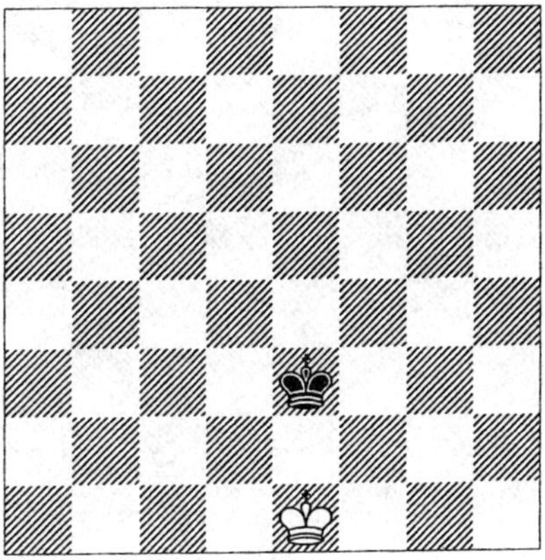

Fig. 103. Reyes enfrentados.

Fig. 104. Reyes no enfrentados.

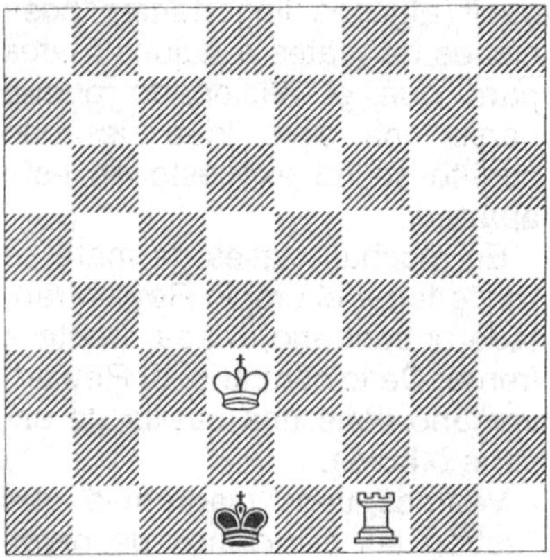

Fig. 105. Mate con Reyes enfrentados.

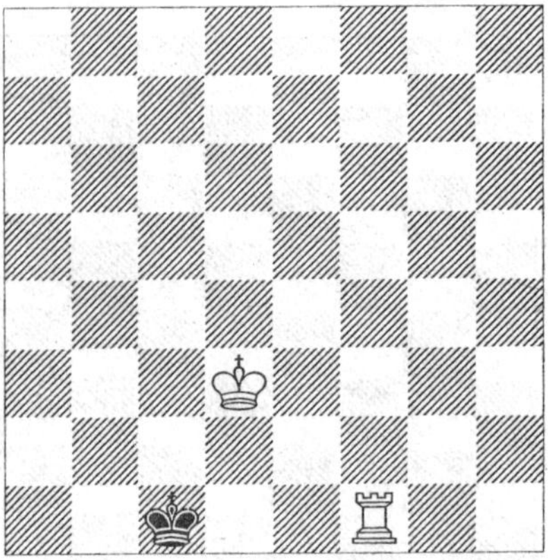

Fig. 106. Huida del Rey enemigo con los Reyes no enfrentados.

MATE CON UNA TORRE

Para dar este mate los dos reyes se han de hallar enfrentados, es decir, frente a frente, para evitar que el Rey que reciba el jaque mate tenga una casilla de huida o escape.

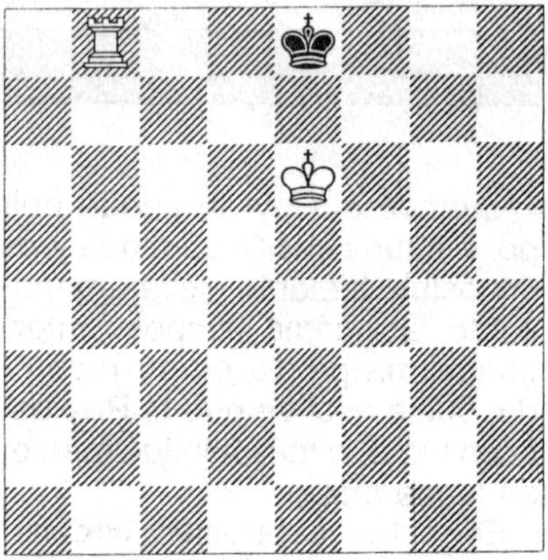

Fig. 107. Mate de Torre.

MATE CON DOS TORRES

Fig. 108. Jaque mate con las dos Torres.

En las figuras 109-110 y 111-112 se describen mates con Dama y con Alfil.

Fig. 109. La Dama da mate con los Reyes enfrentados.

Fig. 110. La Dama da jaque mate con la ayuda de su Rey.

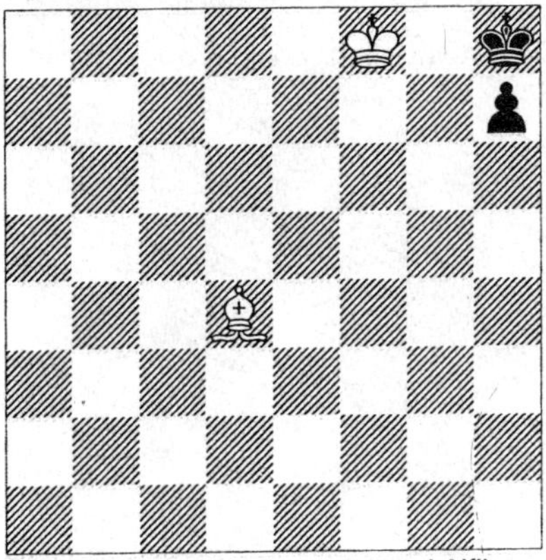

Fig. 111. Un original mate con el Alfil.

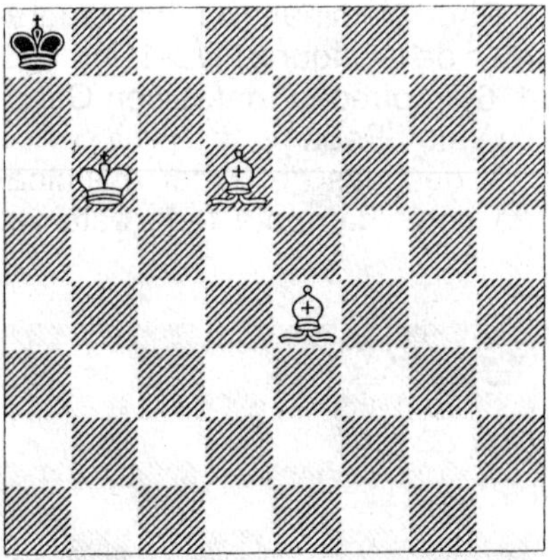

Fig. 112. Los dos Alfiles dan mate al Rey.

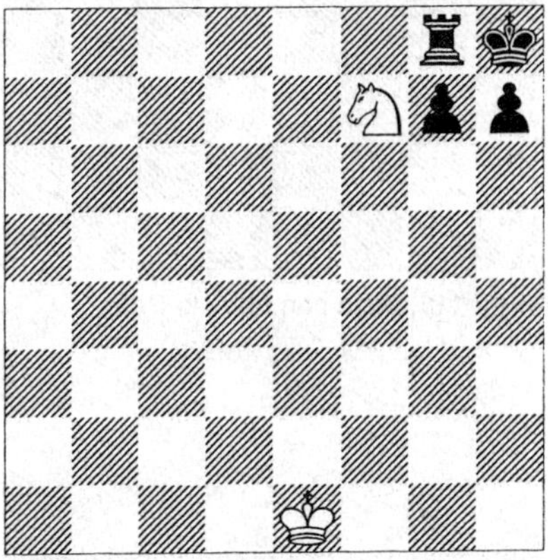

Fig. 113. Un Caballo sólo da mate en circunstancias especiales.

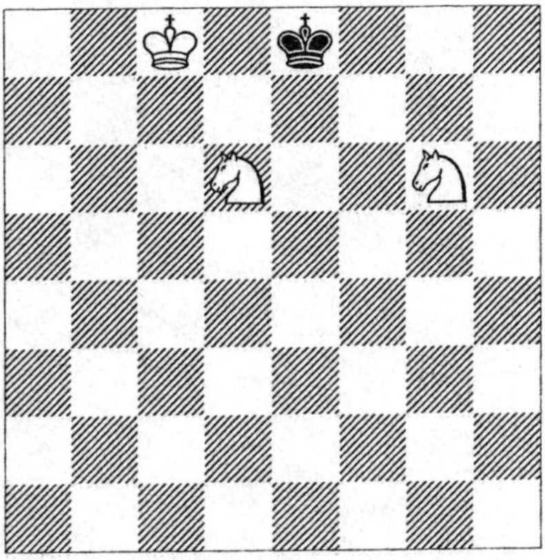

Fig. 114. Los dos Caballos dan el jaque mate, en circunstancias especiales.

Para terminar, en los diagramas de las figuras 113-114 y 115-116 se ofrecen mates con Caballo y con Peón.

Y después de haber examinado detenidamente toda esta variada gama de mates, empezando con la Torre, siguiendo con la Dama, el Alfil, el Caballo y el Peón, ponemos punto final a este tan apasionado tema sobre el jaque mate.

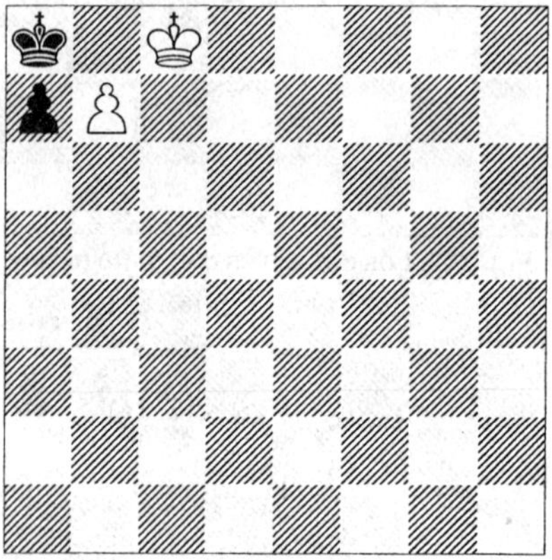

Fig. 115. Mate con un solo Peón.

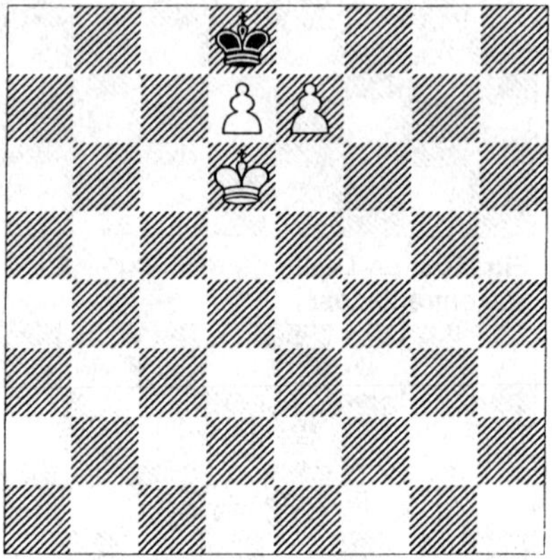

Fig. 116. Mate con dos Peones.

Anotación de la partida

Para la anotación de las partidas se utiliza un conjunto de signos para señalar las piezas, las casillas, las jugadas, etc.

Hay varios tipos de anotaciones en una partida de ajedrez, pero nosotros ya vamos a adelantar que las más corrientes son la descriptiva, que es la que vamos a usar en este libro, y la algebraica.

Además de estas dos principales, hay la numérica, la telegráfica, etc.

Vamos a analizar primeramente la descriptiva.

ANOTACIÓN DESCRIPTIVA

Utiliza la inicial de la pieza que se mueve seguida del número de la posición que pasa a ocupar, o en su caso, la inicial de la pieza tomada.

Las iniciales son:

Rey	=	R
Dama	=	D
Torre	=	T
Alfil	=	A
Caballo	=	C
Peón	=	P

y los números de la posición vienen dados en los diagramas siguientes, el primero con los números de las casillas y el segundo con las piezas colocadas en su sitio de salida. Obsérvese que la misma casilla tiene diferente numeración según se contemple desde la posición de las blancas que desde la de las negras. P. ej., el primer cuadro blanco según la posición normal del tablero, será 1TR (fila 1 de la Torre del flanco de Rey) para las blancas y 8TR (fila 8 de la Torre del flanco de Rey) para las negras. Lo mismo1CR y 8CR, etc.

8	1TD 8TD	1CD 8CD	1AD 8AD	1D 8D	1R 8R	1AR 8AR	1CR 8CR	1TR 8TR	1
7	2TD 7TD	2CD 7CD	2AD 7AD	2D 7D	2R 7R	2AR 7AR	2CR 7CR	2TR 7TR	2
6	3TD 6TD	3CD 6CD	3AD 6AD	3D 6D	3R 6R	3AR 6AR	3CR 6CR	3TR 6TR	3
5	4TD 5TD	4CD 5CD	4AD 5AD	4D 5D	4R 5R	4AR 5AR	4CR 5CR	4TR 5TR	4
4	5TD 4TD	5CD 4CD	5AD 4AD	5D 4D	5R 4R	5AR 4AR	5CR 4CR	5TR 4TR	5
3	6TD 3TD	6CD 3CD	6AD 3AD	6D 3D	6R 3R	6AR 3AR	6CR 3CR	6TR 3TR	6
2	7TD 2TD	7CD 2CD	7AD 2AD	7D 2D	7R 2R	7AR 2AR	7CR 2CR	7TR 2TR	7
1	8TD 1TD	8CD 1CD	8AD 1AD	8D 1D	8R 1R	8AR 1AR	8CR 1CR	8TR 1TR	8

Fig. 117.

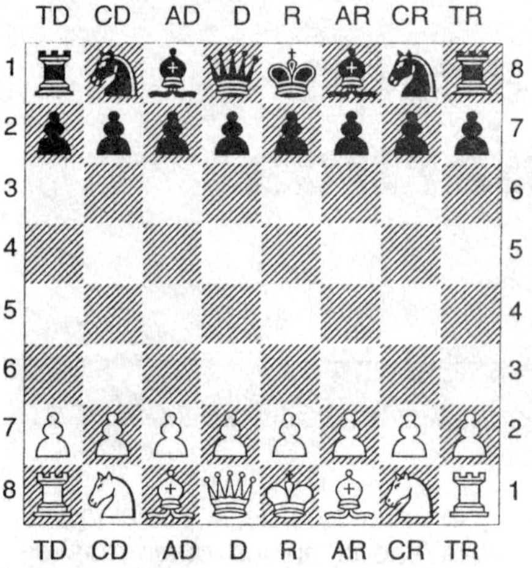

Fig. 118. Diagramas con la anotación descriptiva.

Cuando dos piezas iguales pueden desplazarse al mismo lugar, se indica además el número de la casilla que ocupa la pieza que se mueve, o la aclaración de a qué flanco pertenece.

Ejemplo 1

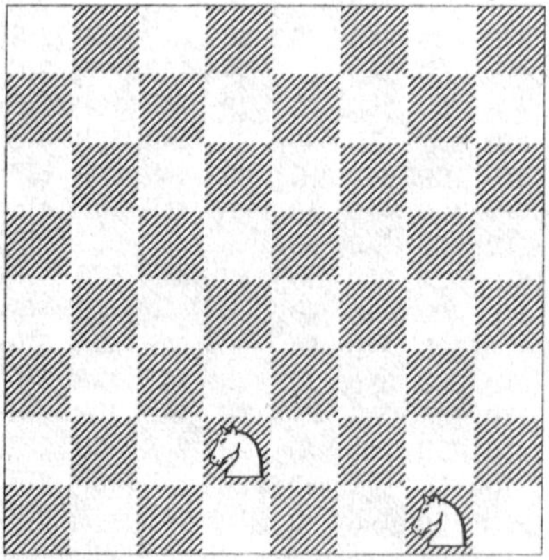

Fig. 119.

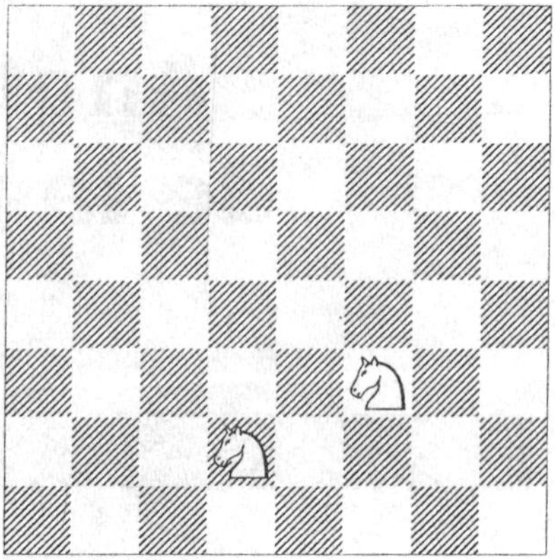

Fig. 120. CR3A

El Caballo de flanco de Rey se coloca en la fila 3 del Alfil de Rey. La jugada se describe así: CR3A. La anotación aclara que se trata del Caballo de Rey, pues el Caballo del flanco de Dama puede realizar la misma jugada. No hace falta indicar que se trata del Alfil de Rey, pues ahí es a la única casilla 3A a que puede ir.

Ejemplo 2

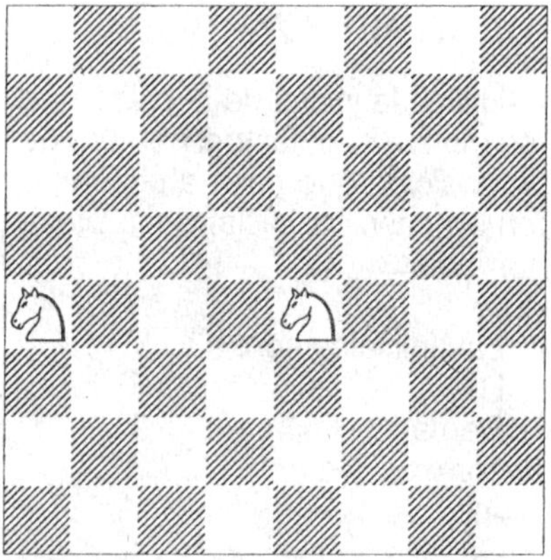

Fig. 121.

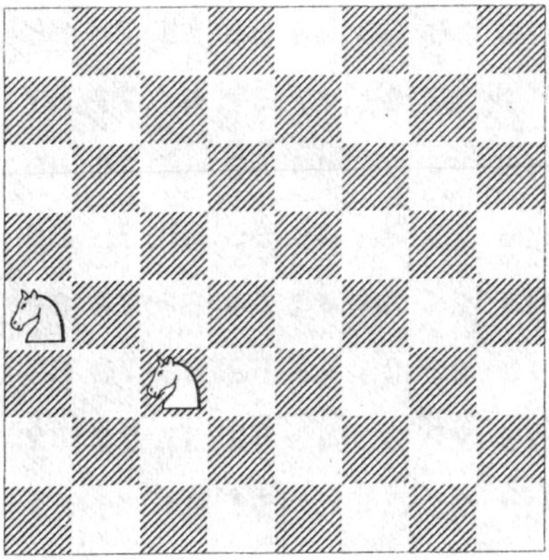

Fig. 122. C4R-3A

En este esquema, si queremos mover hacia 3A (no es preciso aclarar AD pues ahí es a la única casilla 3A a la que puede ir) el Caballo que ocupa la posición 4R, deberemos indicarlo así, pues hay otro Caballo en 4T que también puede ir a 3A. Así, se anotaría C4R-3A, que indica que el Caballo que ocupa la casilla 4R se ha movido a la casilla 3A.

Veremos ahora una interesante partida anotada con este sistema descriptivo:

Mate de Legal

Blancas : Legal

Negras : Aficionado

1.P4R, P4R; 2.C3AR, P3D; 3. A4A, P3TD; 4. C3A, A5C; 5. CxP !, AxD ?; 6. AxP+, R2R; 7. C5D ++.

Otro ejemplo sobre el mismo tema de anotación descriptiva:

I Torneo internacional de Malta

La Valeta, 11-9-1957
Defensa Francesa

Blancas: L. Ponce-Sala (España)

Negras: R. Soler (Malta)

1.P4R, P3R; 2.P4D, P4D; 3. C3AD, C3AR; 4.A5C, PxP; 5.CxP, A2R; 6.AxC, AxA; 7.C3AR,O-O (enroque) 8.P3AD, P3CD; 9.A3D, C2D; 10.P4TR, T1R; 11. C3-5C, C1AR; 12. D5T, P3CR; 13. D3AR, AxC; 14.CxA, T1C; 15.DxPA+, R1T; 16.P5T, D2R; 17. PxPC, DxD; 18. PxD, T2R; 19.AxPT, R2C; 2).O-O-O (enroque largo), A2C; 21.T3D, AxPC; 22.T1CR, CxA; 23. CxC, RxP; 24. TxA, T1CR; 25. T3AR+ y las negras abandonaron.

SISTEMA ALGEBRAICO

En este sistema debemos tener en cuenta que las columnas se designan con las letras minúsculas a, b, c, d, e, f, g y h, que corresponden, respectivamente, a las anotaciones descriptivas de TD, CD, AD, D, R, AR, CR y TR.

Las filas son indicadas también del 1 al 8, empezando por la primera fila del lado de las blancas.

Y así, de esta forma, cada casilla se denomina con el nombre de la letra asignada seguida del número que le corresponde a la fila.

a8	b8	c8	d8	e8	f8	g8	h8
a7	b7	c7	d7	e7	f7	g7	h7
a6	b6	c6	d6	e6	f6	g6	h6
a5	b5	c5	d5	e5	f5	g5	h5
a4	b4	c4	d4	e4	f4	g4	h4
a3	b3	c3	d3	e3	f3	g3	h3
a2	b2	c2	d2	e2	f2	g2	h2
a1	b1	c1	d1	e1	f1	g1	h1

Fig. 123. Diagrama con la signatura algebraica.

18	28	38	48	58	68	78	88
17	27	37	47	57	67	77	87
16	26	36	46	56	66	76	86
15	25	35	45	55	65	75	85
14	24	34	44	54	64	74	84
13	23	33	43	53	63	73	83
12	22	32	42	52	62	72	82
11	21	31	41	51	61	71	81

Fig. 124. Diagrama numérico.

Las piezas quedan representadas igual que en el sistema descriptivo.

Veamos, a continuación, la misma partida, con esta anotación:

Mate de Legal

Blancas: Legal

Negras : Aficionado

1. e4, e5; 2. Cf3, d6; 3.Ac4, a6; 4. Cc3, Ag4; 5. Cxe5!, Axd1? 6.Axf7+, Re7; 7.Cd5 ++ (mate)

ANOTACIÓN NUMÉRICA

Este tipo de anotación sirve para las partidas de ajedrez por correspondencia, modalidad que se ha extendido mucho y que tiene un gran número de adeptos.

Cada una de las casillas tiene asignado un número de dos cifras, tal como se señala en el siguiente diagrama:

Examinaremos seguidamente la partida anterior, empleando sistema numérico:

Mate de Legal

Blancas: Legal

Negras : Aficionado

1. 5254, 5755; 2. 7163, 4746; 3. 6134, 1716; 4. 2133, 3874; 5. 6355!, 7441; 6. 3467, 5857; 7. 3345.

ANOTACIÓN TELEGRÁFICA

Este sistema de anotación de partida se conoce también con el nombre de Código de Udemann, y consiste en darle una asignación a cada una de las casillas, con la colocación de dos letras en cada una de ellas, tal como vamos a señalar en el siguiente diagrama:

Fig. 125. Diagrama con notación telegráfica.

Mate de Legal

Anotación con el Código de Udemann

Blancas: Legal
Negras: Aficionado

1. GEGO, SESO; 2. KAHI, RERI; 3, HADO, MEMI; 4.CADI, PAKO; 5.HISO, KOFA; 6. DOTE, SASE; 7. DIRO (Mate).

Y con este último ejemplo terminamos el tema referido a las diferentes anotaciones.

Mates más usuales

El acoso y jaque mate del Rey adversario es la finalidad a la que se encaminan todas las jugadas en ajedrez, incluso ya desde el mismo inicio. La jugada de apertura, de las muchas que hay como veremos más adelante, no tienen lugar por azar, sino que en cierto modo es premeditada en función de las intenciones del jugador.

El mate puede darse en cualquier momento, pero salvo casos de principiantes ingenuos o de un error grave, lo normal es que los contendientes se vayan despojando mutuamente de piezas, para llegar a la fase final con el mismo bagaje, a menudo sólo dos o tres piezas por bando.

En esta situación es la habilidad la que permite obtener la victoria, pero después de una ardua lucha para acorralar al Rey adversario.

Se describen los mates siguientes:

a) Rey y Dama contra Rey (figuras 126-127).

b) Rey y Torre contra Rey (figuras 128-129).

c) Rey y dos Alfiles contra Rey (figuras 130-131).

d) Rey, Alfil y Caballo contra Rey (figuras 132-133).

e) Rey y dos Caballos contra Rey (figura 134).

REY Y DAMA CONTRA REY

Éste es el mate más fácil y elemental de todos los que hemos enumerado.

Ejemplo 1

Fig. 126. Posición inicial.

Examinaremos seguidamente la forma de maniobrar de las piezas blancas para dar jaque mate en siete jugadas:

1. D6D, R6R; 2. D5D, R5A; 3.R2A, R5C; 4.D5R, R5T; 5.D7C, R4T; 6.R3A, R5T; 7.D7C ++

Ejemplo 2

Fig. 127. Juegan las blancas y dan mate.

Hay varios sistemas para ganar. Vamos a dar el más sencillo:

Arrinconar con la Dama al Rey adversario y luego acudir con el Rey para dar el jaque mate final.

Veamos la solución de este interesante e instructivo diagrama:

1.D4A, R4R; 2.D3D, R3A; 3.D4R, R4C; 4.D3A, R3C; 5.D4A, R4T; 6.D3C, R3T; 7.D4C, R2T; 8.D5C, R1T; 9.R2A (naturalmente no sería correcto 9.D6C?, porque sería tablas por ahogado); 9..., R2T; 10.R3C, R1T; 11. R4C, R2T; 12.R5A, R1T; 13.R6A, R2T; 14.D7C ++.

REY Y TORRE CONTRA REY

Éste es el segundo mate de la serie que tiene menos dificultades, después del de Dama.

Ejemplo 1

Examinemos el diagrama siguiente y veamos la forma de materializar la ventaja.

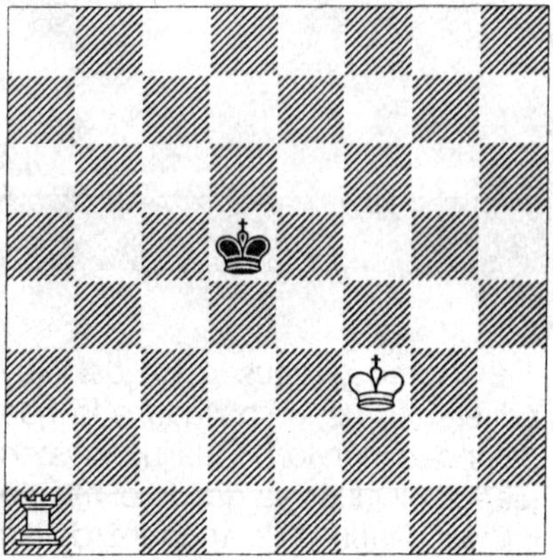

Fig. 128. Posición inicial.

Veamos ahora el sistema empleado para dar el mate:

1.T4T, R4A; 2.R4R, R4C; 3.T4D, R4A; 4.R5R, R4C; 5.R5D, R3C; 6.T4AD, R4C; 7.T6A, R5C; 8.T8A, R6C; 9.R4D, R7C; 10.R3D, R8C; 11.R2D, R7C; 12.T8C+, R6T; 13.R2A, R5T; 14.R3A, R4T; 15.R4A, R3T; 16.R5A, R2T; 17.T1C, R3T; 18.T2C, R2T; 19.R6A, R1T; 20.R7A, R2T; 21.T2TD ++.

A pesar de ser, después del mate de Dama, el más sencillo de los mates que restan por estudiar, debéis de tener muy en cuenta de que para poder dar el jaque mate final, los dos reyes deberán estar enfrentados, es decir, uno frente al otro ya que, de lo contrario, el Rey adversario tendrá una casilla de escape.

La idea es llevar al Rey hasta el borde del tablero. Luego, con la Torre en la octava línea, se le dará el jaque mate oportuno.

Ejemplo 2

Fig. 129. Juegan las blancas y dan mate.

Veamos la forma de realizarlo:

1.R2C, R5D; 2.R2A, R5R; 3.R3A, R4R; 4.R4A, R5R; 5.T1R+, R4A; 6.R4D, R5A; 7.T1A+, R4C; 8.R8R, R3C; 9.R5R, R4C; 10.T1C+, R5T; 11.R5A, R6T; 12.R4A, R2T; 13.T3C, R8T; 14.R3A, R7T; 15.R2A, R8T; 16.T3T++.

REY Y DOS ALFILES CONTRA REY

Este tipo de mate tiene su dificultad, pero con un estudio sobre la técnica de llevar a cabo el mismo, el lector aficionado podrá ver que no es tan difícil como parece.

Partiendo de la posición inicial del diagrama, veamos la forma de llevar a cabo el mate.

Ejemplo 1

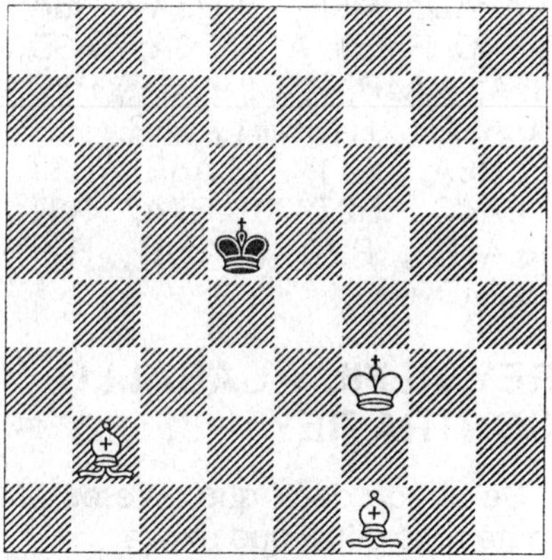

Fig. 130. Posición inicial.

1.A3D, R4A; 2.R4R, R5C; 3.R4D, R6C; 4.A3A, R6T; 5.A2A, R7T; 6.R4A, R6T; 7.A5R, R7T; 8.R3A, R6T; 9.A6D+, R7T; 10.A5AR, R8T; 11.R2A, R7T; 12.A6R+, R8T; 13.A5R ++.

Una nueva posición para hacer más prácticas:

Ejemplo 2

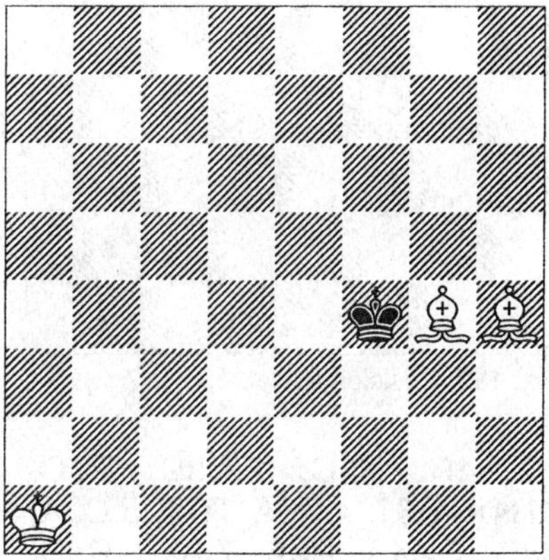

Fig. 131. Juegan las blancas y dan mate.

1.A1D, R6R; 2.R2C, R7D; 3.A2AD, R6R; 4.R3A, R6A; 5.R4D, R5C; 6.A1R, R6A; 7.A3D, R5A; 8.A4R, R4C; 9.R5R, R5C; 10.A2AR, R4C; 11.A5AR, R3T; 12.R6A, R4T; 13.A6R, R3T; 14.A4C, R2T; 15.R7A, R3T; 16.A3R+, R2T; 17.A5A+, R1T; 18.A4D ++.

REY, ALFIL Y CABALLO CONTRA REY

Se puede decir que éste es el mate más difícil que existe.

Se ha de llevar con una gran minuciosidad y, al primer error, se ha de volver a empezar de nuevo, ya que el Rey adversario se escapará de la tupida red que se le ha tendido.

Examinaremos ahora la posición en el siguiente diagrama que ilustra el tema:

Ejemplo 1

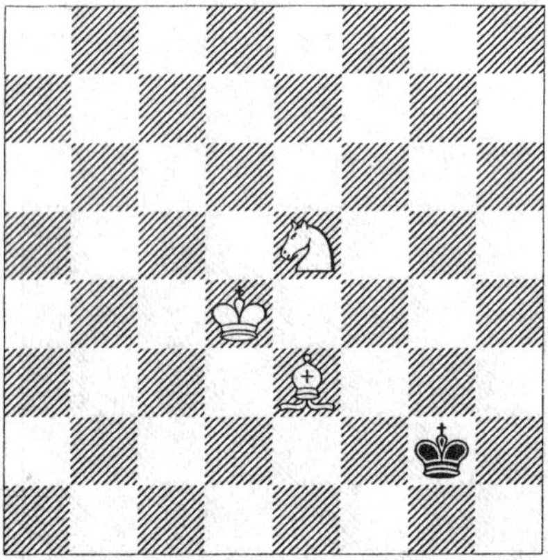

Fig. 132. Posición inicial.

1.R4R, R6C; 2.C3D, R7C; 3.R4A, R6T; 4.R3A, R7T; 5.C2A, R8C; 6.A4A, R8A; 7.A2T, R8R; 8.C4R, R8A; 9.C2D+, R8R; 10.R3R, R8D; 11.R3D, R8A; 12.A6D, R7C; 13.A4C, R8A; 14.C3A, R7C; 15.C4D, R8A; 16.R2R, R8C; 17.A3T, R7T; 18:A1A, R8T; 19.R2D, R8C; 20.C6A, R7T; 21.R7A, R8T; 22.A2C+, R7T; 23.C4C ++.

Antes de seguir este tema con un nuevo ejemplo, valdrá más que tengamos en cuenta lo siguiente:

a) Hay que llevar al Rey adversario a un rincón del tablero, cuya casilla ha de ser del mismo color que el Alfil de las blancas.
b) Si se tiene un Alfil que va por casillas blancas, el Rey adversario deberá llevarse a un rincón del tablero cuya casilla sea blanca.
c) Si el Alfil hace el recorrido por casillas negras, entonces se ha de llevar al monarca enemigo por casillas o rincón del tablero de color negro.

Ejemplo 2

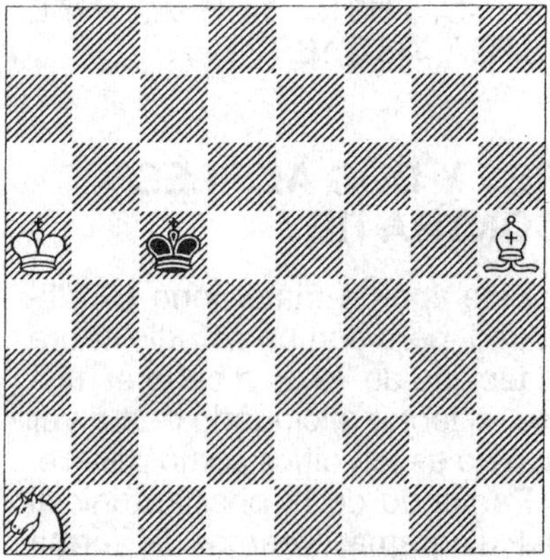

Fig. 133. Juegan las blancas y dan mate.

1.C3C+, R3D; 2.R5C, R4D; 3.A7A+, R4R; 4.R5A, R3A; 5.A4A, R4R; 6.C2D, R5A; 7.R6D, R4A; 8.A3D+, R3A; 9.C3A, R2A; 10.R5R, R2C ; 11.C5C, R1C; 12.R6A, R1A; 13.C7A, R1C; 14.A5A, R1A; 15.A7T, R1R; 16.C5R, R1D; 17.R6R, R2A; 18.C7D, R2C; 19.A3D, R3A; 20.A6T, R2A; 21.A5C, R1D; 22.C6C, R2A; 23.C5D+, R1D; 24.R6D, R1A; 25.R7R, R2C; 26.R7D, R1C; 27.A6T, R2T; 28.A8A, R1C; 29.C7R, R2T; 30.R7A, R1T; 31.A7C+, R2T; 32. C6A(8A) ++.

REY Y DOS CABALLOS CONTRA REY

Esta clase de finales termina en tablas porque es prácticamente imposible dar el mate si el bando que tiene únicamente el Rey juega con toda corrección.

Pero puede darse mate si el bando defensor comete el error de poner su Rey en posición de ser rematado por el adversario.

En caso contrario, el resultado ha de ser siempre de tablas.

Examinemos a continuación el siguiente diagrama:

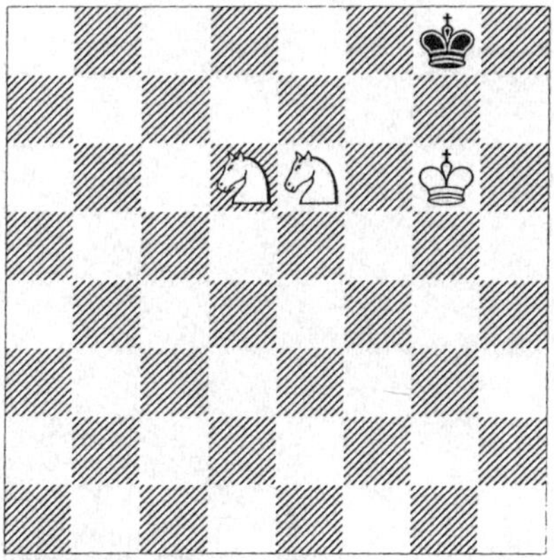

Fig. 134. Posición inicial.

1.C4AD, R1T; 2.C5R, R1C; 3.C7D (si 3.C7A, tablas por ahogado), 3...,R1T; 4.C5C, R1C; 5.C6A+, R1A! y tablas.

Naturalmente, no se podía jugar: 5...., R1T ??, por 6. C7A++.

Las tablas

Si la partida no puede ser ganada por ninguno de los dos bandos, suele terminar en tablas, es decir, sin vencedores ni vencidos. Hay varios casos especiales de tablas que vamos a enumerar para una más clara idea del aficionado.

Veamos, pues, los casos siguientes:

a) Cuando uno de los dos bandos da jaque continuo.
b) Cuando los dos jugadores insisten en repetir la misma jugada.
c) Cuando uno de los dos bandos se halla ahogado, es decir, que debiendo mover no puede hacerlo.
d) Cuando llegado el final de partida el bando más fuerte no puede dar mate en el número reglamentario de jugadas (suelen ser de 50).
e) Cuando en el final ambos bandos tienen igualdad de fuerzas.
f) Cuando son acordadas de mutuo acuerdo.

Examinemos ahora, cada apartado sobre el tema:

CUANDO UNO DE LOS DOS BANDOS DA JAQUE CONTINUO

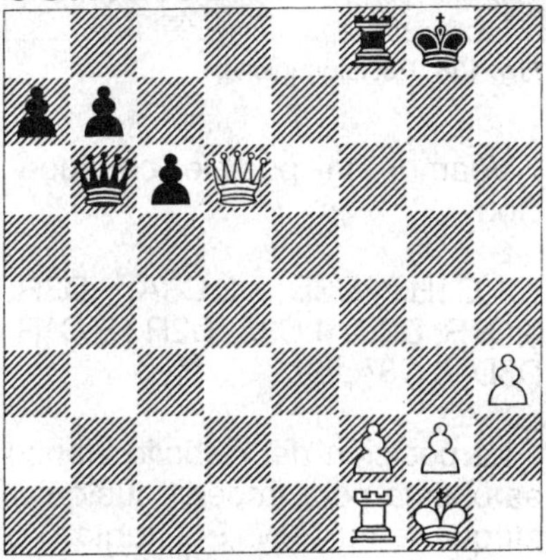

Fig. 135. Posición inicial.

Las tablas se producen de la siguiente forma:

1.D6C+, R1T; 2.D6T+, R1C; 3.D6C+, R1T; 4.D6T+, R1C; 5. D6C+, R1T ; 6.D6T+, etc.

Observen cómo la Dama blanca no puede dejar de acosar al Rey negro, de modo que las negras no tengan otra opción que evadir el acoso. Si se les diera oportunidad, las negras están en muy buena posición para desencadenar, a su vez, el acoso al Rey blanco.

CUANDO LOS DOS JUGADORES INSISTEN EN REPETIR LA MISMA JUGADA

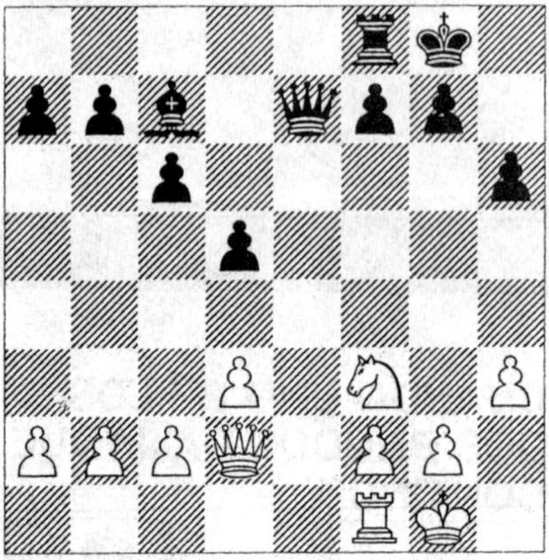

Fig. 136. Posición inicial.

Veamos la posible continuación:

1.C1R, D3D; 2.C3A, D2R; 3.C1R, D3D; 4.C3A, D2R ; 5.C1R, D3D; 6.C3A, etc.

La posición del Caballo blanco es óptima para impedir cualquier ataque a su Rey. Por tanto, no hace ninguna jugada que le aleje de esta posición. Tampoco la Dama y la Torre blancas pueden apartarse de sus posiciones que protegen de la penetración de las piezas adversarias.

CUANDO UNO DE LOS DOS BANDOS SE HALLA AHOGADO

Éste es uno de los casos más originales de las tablas por ahogado, por su gran espectacularidad.

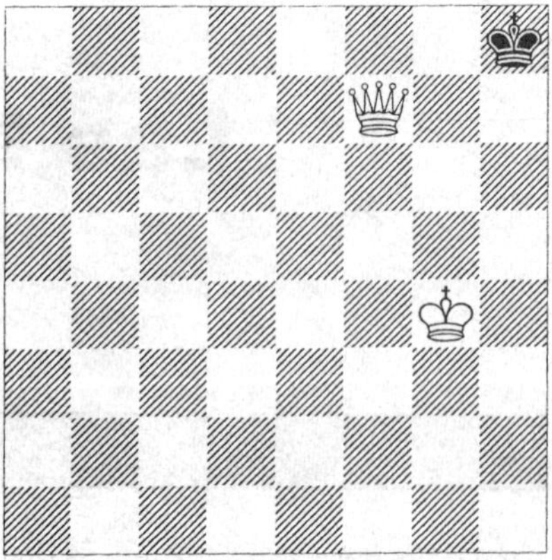

Fig. 137. Tablas !! (por ahogado).

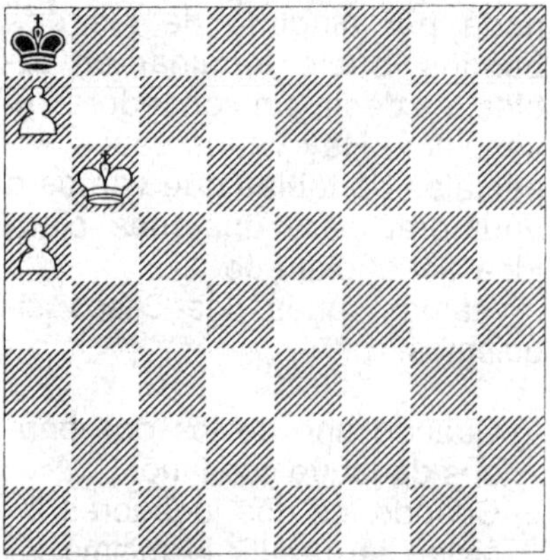

Fig. 138. Tablas !! (por ahogado).

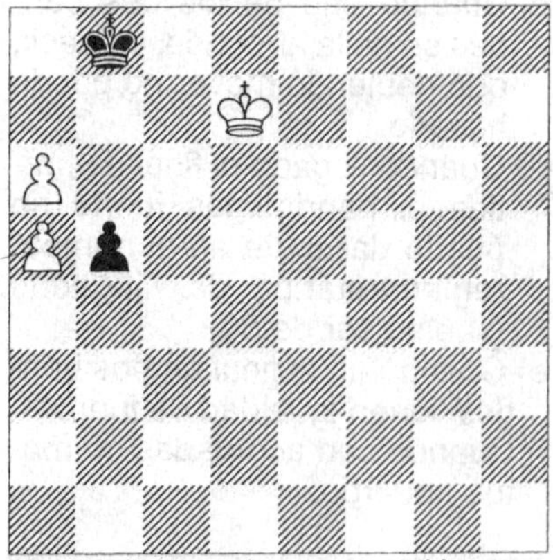

Fig. 139. Blancas juegan y entablan.
L. Ponce-Sala (España)

En este curioso final se ve cómo el Peón de CD de las negras está en posición imparable de coronarse, lo que acarrearía la derrota de las blancas.

Pero las blancas, sabedoras de la posibilidad que existe de provocar el ahogado, se embarcan en una línea salvadora para ellas.

Este final, compuesto por L. Ponce-Sala, expondrá una de las formas existentes para salvarse de la derrota.

Veamos cómo se ha de jugar para conseguir el empate por ahogado.

1.R6A, P5C; 2.R5C, P6C; 3.R6C, P7C; 4.P7T+, R1T; 5.R6T, P8C=D o T y tablas por ahogado.

Otro bonito final artístico ilustrará ese mismo tema:

L.Ponce-Sala (España)
Blancas juegan y entablan

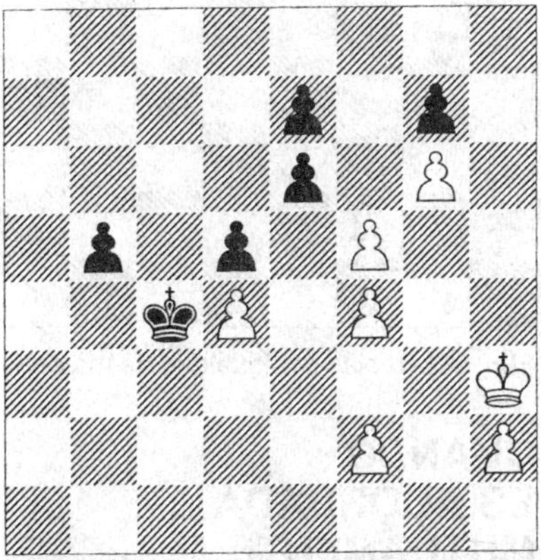

Fig. 140.

Aquí parece que las blancas están perdidas ya que el Peón CD de las negras está pasado y alejado del Rey adversario, por lo que es imposible evitar su coronación y transformación en la pieza que elijan las negras, generalmente la Dama.

Pero su autor nos enseña una manera algo oculta de ponerse en fuera de juego, mediante un sutil empate por ahogado.

Veamos la forma de llevarlo a cabo correctamente:

1.P6A!

Entregando un Peón.

1...., PRxP

Naturalmente no puede jugarse 1...,PCxP?, por 2.P7C, ganando.

2.P5A!

Una segunda entrega de Peón.

2...,PxP

Obligado tomar ante la amenaza de 3.PxP, ganando.

3.P4A!!,

Preparando la guarida donde refugiarse el Rey de las blancas.

3...,P5C

¿Qué jugar?

4.R4T

Peregrinaje del monarca hacia la salvación.

4...,P6C ; 5.R5T, P7C; 6.P4T!!

Única para cerrar definitivamente el torreón salvador.

No servía 6.P3T?, por 6...,P8C=D; 7.P4T, D8D++

6....P8C=D y tablas por ahogado.

Las blancas no tienen jugada para hacer.

CUANDO EL BANDO MÁS FUERTE NO PUEDE HACER MATE EN EL NÚMERO REGLAMENTARIO DE JUGADAS

Este caso sucede muy pocas veces, pero es el más generalizado en los mates de Alfil y Caballo contra Rey.

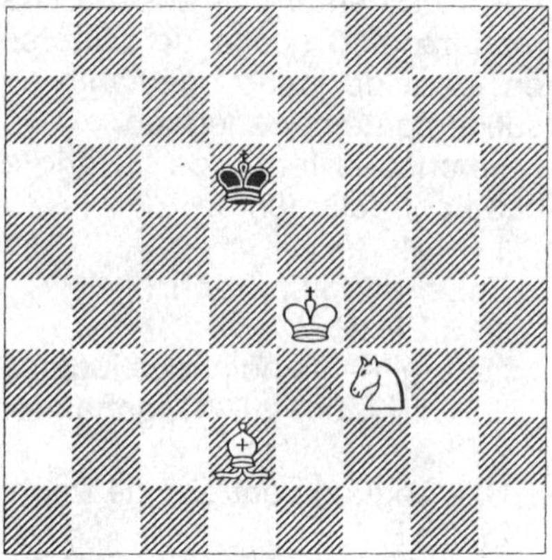

Fig. 141. Posición inicial.

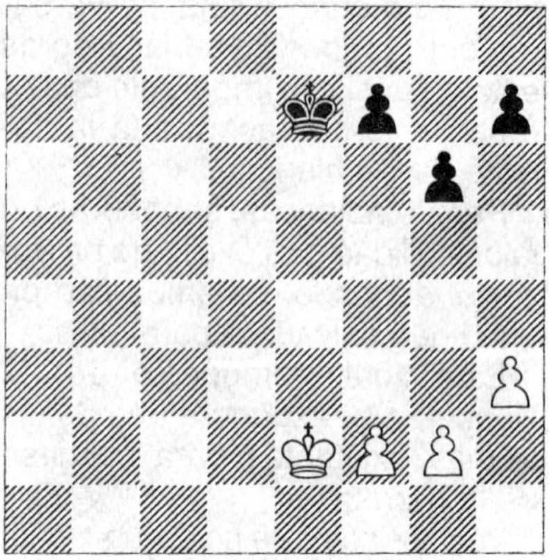

Fig. 142. Tablas de común acuerdo, dada la igualdad de la posición.

Ya que hay una gran dificultad para obtener la victoria, es muy corriente que el jugador que posee las dos piezas se equivoque y no pueda conseguir la victoria en el número de jugadas reglamentadas.

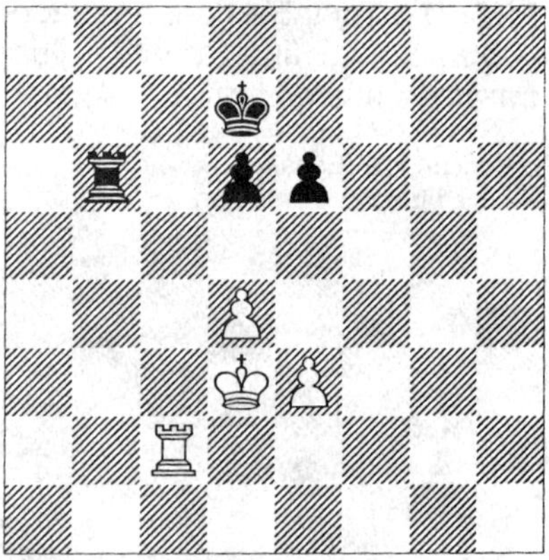

Fig. 143. Tablas por igualdad de material.

CUANDO EN EL FINAL AMBOS BANDOS TIENEN IGUALDAD DE FUERZAS

En estos casos es corriente que se acuerden las tablas. Examinemos ahora unos ejemplos de igualdad, que justifica el empate.

CUANDO ES ACORDADA MUTUAMENTE

En estas circunstancias no hace falta poner diagramas ilustrativos, ya que los dos jugadores pueden acordar el empate en un momento determinado de la partida.

Temas de defensa

Cuando una pieza es atacada, puede defenderse de varias maneras, optando por alguna de las siguientes soluciones:

a) Huir con la pieza.
b) Defender la pieza amenazada.
c) Atacar y capturar la pieza enemiga.
d) Interponer una pieza en la trayectoria adversaria.

Para una mejor comprensión de todos estos temas, nada mejor que desglosarlos individualmente.

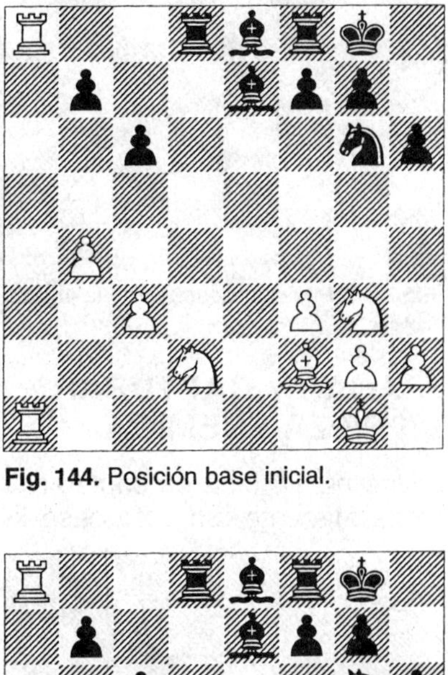

Fig. 144. Posición base inicial.

HUIR CON LA PIEZA

Vamos a poner un diagrama base en el que se amalgaman todas las disposiciones inherentes al tema tratado en este apartado.

Observemos cómo la Torre negra situada en 1D amenaza el Caballo colocado en la casilla de 2D.

Siguiendo lo tratado en el primer apartado, podemos huir con la pieza amenazada y colocarla en una posición más idónea como en 4R, tal como queda reflejado en la figura 145.

Fig. 145. Posición después de jugar 1.C4R.

DEFENDER LA PIEZA AMENAZADA

Otra forma a emplear es el de defender la pieza amenazada, con otra propia. Y vemos que es el Alfil la correcta para cumplir ese cometido, por vía 3R.

Fig. 146. Posición después de la jugada 1.A3R.

ATACAR Y CAPTURAR LA PIEZA ENEMIGA

Una nueva idea es capturar la pieza atacante, en este caso la

Fig. 147. Posición después de la jugada 1.TxT

Torre negra de 1D. Y para ello nada mejor que proceder al cambio de Torres como se muestra en la figura 147.

INTERPONER UNA PIEZA EN LA TRAYECTORIA ADVERSARIA

Para terminar con este capítulo, tenemos la interposición de una pieza entre la atacante y la atacada.

Para ese cometido vemos que la pieza idónea es el Alfil, el cual se puede ubicar satisfactoriamente en 4D.

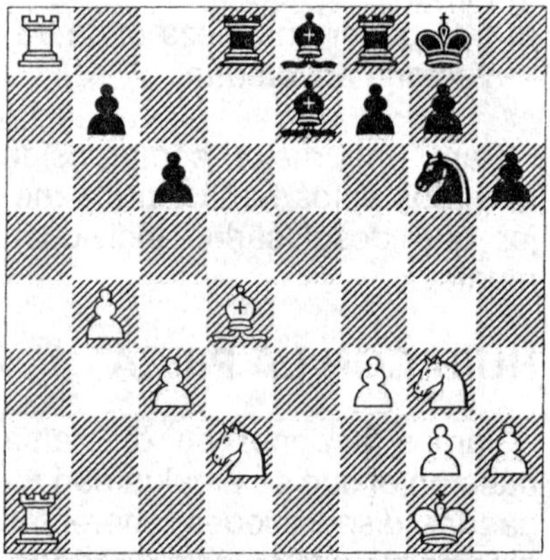

Fig. 148. Posición después de la jugada 1.A4D.

Temas combinativos

Hay muchos temas que se derivan en cualquier partida y que no podemos pasarlos por alto, ya que la mayoría de ellos son de suma importancia en la misma.

Nos estamos refiriendo a los siguientes e importantes temas.

a) La clavada.
b) Las descubiertas.
c) El ataque doble.
d) Las celadas o trampas.

Para que se tenga una mejor idea de cada uno de esos temas que hemos indicado, nada mejor y más práctico que irlos estudiando por separado e ilustrándolos adecuadamente por medio de los correspondientes diagramas o tableros de posición.

LA CLAVADA

Éste es uno de los apartados más interesantes. El estudioso debe aprenderlo ya que una clavada es sinónimo de la ganancia de una pieza, calidad, etc. Además es uno de los sistemas combinativos que más se utilizan en una partida.

Si se clava una pieza, la cual no puede ser defendida posteriormente por una de su mismo bando, su ganancia puede decirse que es segura. Por lo tanto, lo común es defender una pieza clavada si no se quiere quedar en desventaja de material.

A continuación vamos a poner unas interesantes posiciones en donde se verá toda esa gama de clavadas de piezas.

Las clavadas pueden ser hechas solamente por las siguientes piezas:

1) Con un Alfil,
2) con una Dama, y
3) con una Torre.

Los Caballos y los Peones, así como el Rey, no tienen el privilegio de poder participar activamente en la clavada de una pieza.

1) Clavada de Alfil

Veremos algunos ejemplos claros de clavadas con esa pieza que domina las diagonales blancas y negras.

El Alfil tiene dos tipos de clavada. La primera de ellas jugando la pieza 3AD, con lo que la Torre negra de 3AR queda clavada, es decir, no puede moverse, pues de hacerlo dejaría vía libre al mate del Alfil blanco (que es precisamente la pieza que le clava), a través de la diagonal negra.

La otra posibilidad del Alfil es la de clavar las dos Torres negras, mediante la colocación del Alfil en la casilla 4TR.

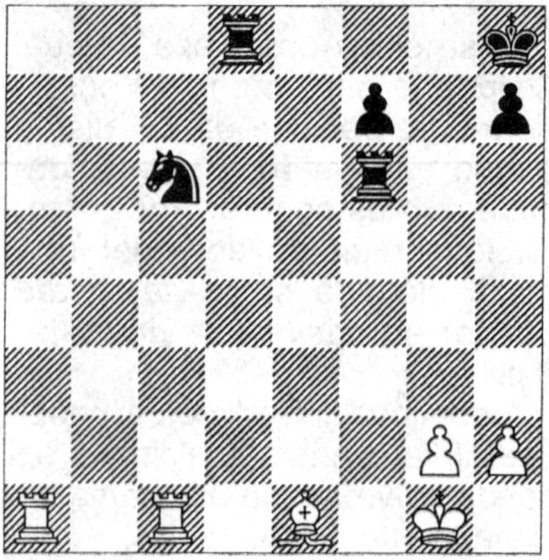

Fig. 149. Posición base.

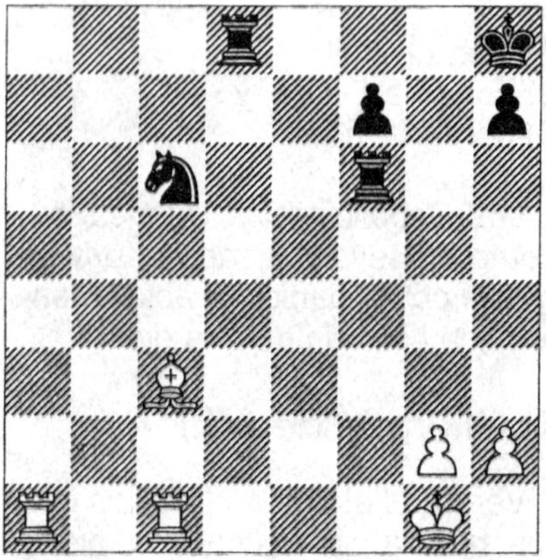

Fig. 150. Posición después de la jugada 1.A3AD.

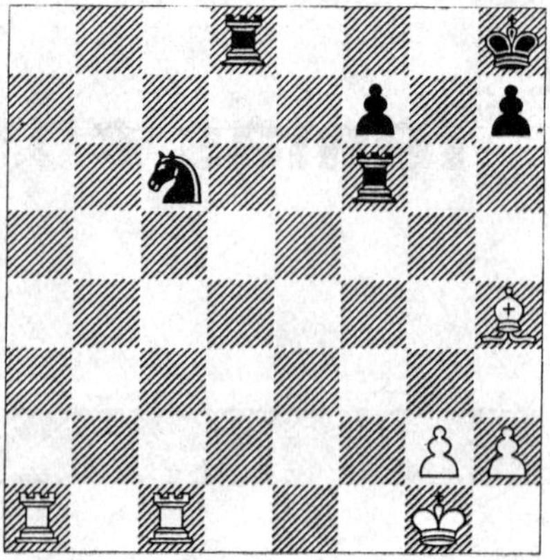

Fig. 151. Posición después de la jugada 1.A4TR.

2) Clavadas de Dama

La semejanza de estas clavadas con las de Alfil son grandes, por lo que no nos extenderemos mucho en ellas.

A continuación les ofrecemos los siguientes ejemplos:

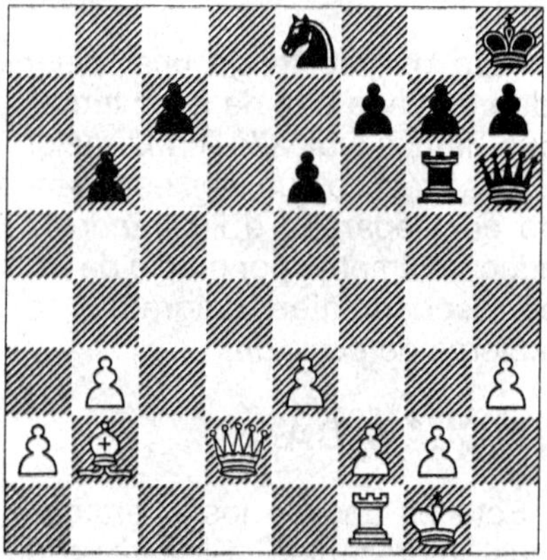

Fig. 152. Posición base.

En el diagrama anterior vemos cómo el Caballo negro de 1R puede ser clavado por la Dama adversaria, tal como realmente sucede.

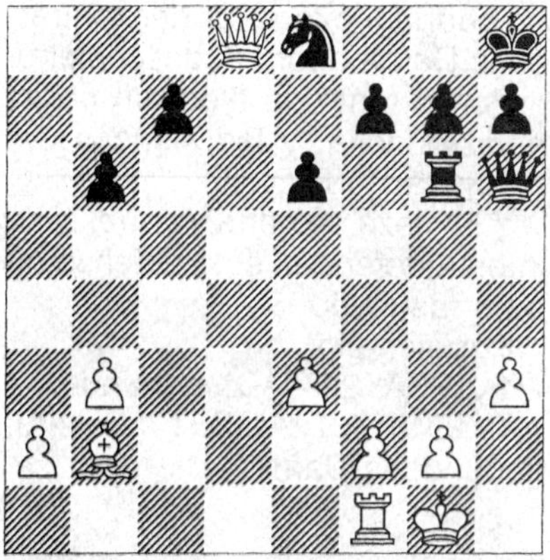

Fig. 153. Posición después de la jugada 1.D8D.

Y la pieza negra, en este caso concreto el Caballo, se pierde inexorablemente por no poder ser defendida por nadie.

Veamos este otro ejemplo:

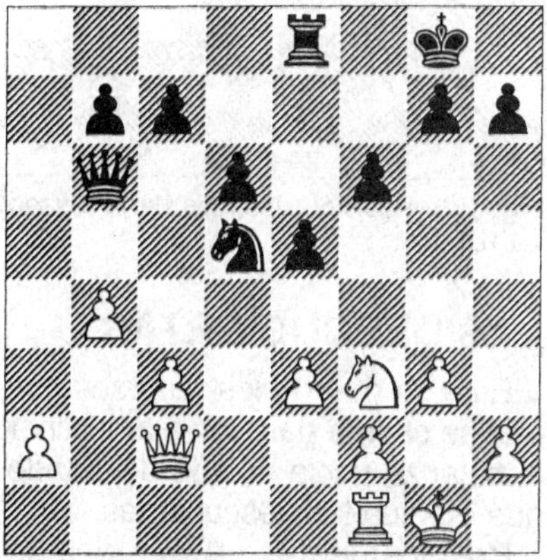

Fig. 154. Posición base.

Observamos cómo el Caballo de las negras está mal situado en la casilla 4D. La Dama se prepara para la clavada situándose en 3C, con lo que el Caballo no puede moverse so pena de dejar el Rey al descubierto.

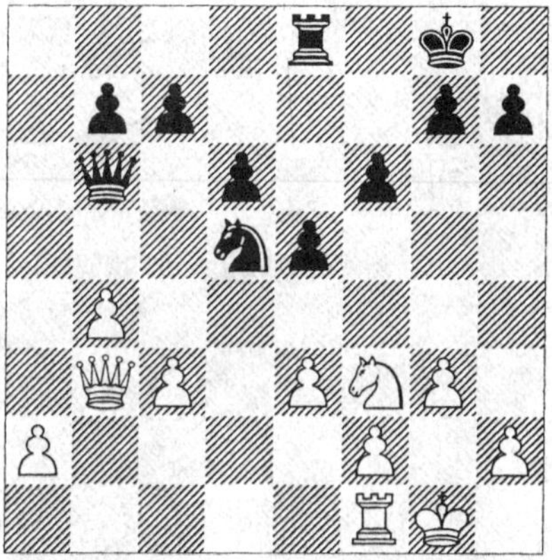

Fig. 155. Posición después de la jugada 1.D3C!

Las negras proceden a defender su Caballo, mediante el avance de su Peón Alfil de Dama.

Pero un simple Peón acude en apoyo de la Dama y, la pieza clavada, en este caso concreto el Caballo, se pierde por parte de las negras.

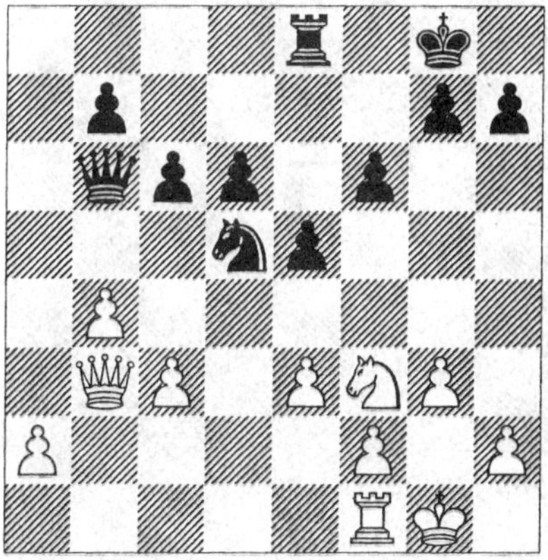

Fig. 156. Posición después de la jugada 1....,P3AD.

Como se muestra en la figura 157, el indefenso Caballo sucumbe al ataque de un sencillo peón.

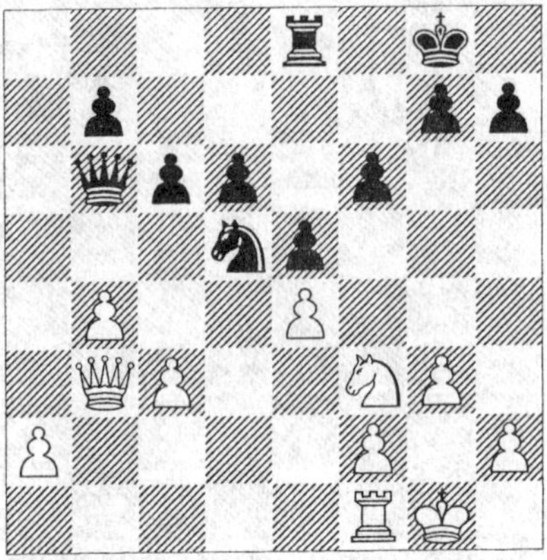

Fig. 157. Posición después de la jugada 2.P4R!

3) Clavadas de Torre

Y, para poner punto final a este tema de las clavadas, vamos a ver las que se pueden producir siendo una Torre la pieza que la efectúa.

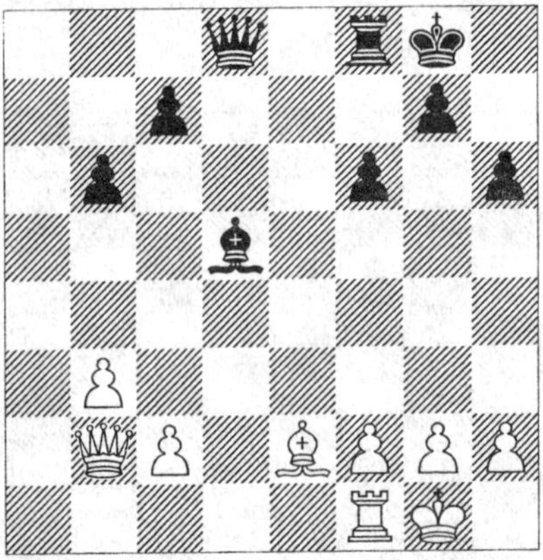

Fig. 158. Posición base.

Examinando el anterior diagrama base podemos observar cómo el Alfil negro de 4D está en una situación poco airosa y que, si se produjese una amenaza por parte de las blancas, dicha pieza no podría moverse por encontrarse la Dama negra al descubierto.

Por lo tanto, la elección no es nada dudosa, y las blancas deben jugar: 1.T1D!.

Y la pieza se gana ya que, si se intenta defender, esta defensa no dará resultado.

Por ejemplo:

1...,P3A; 2.P4AD!, ganando.

1...,D1T; 2.TxA!, DxT?; 3.A4A!, ganando la Dama.

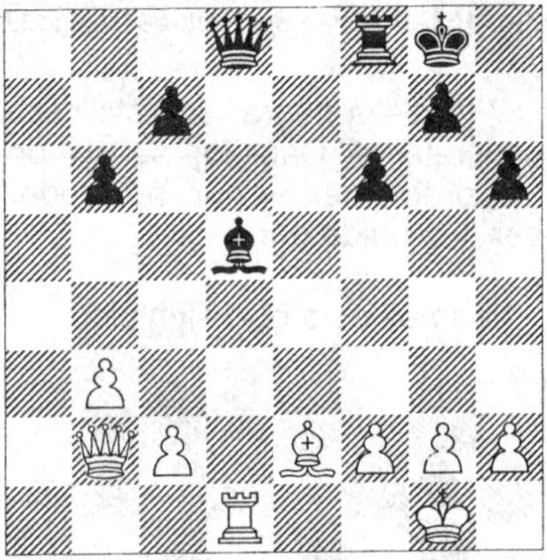

Fig. 159. Posición después de la jugada 1.T1D!.

LAS DESCUBIERTAS

Éste es otro de los resursos con que se cuenta para intentar inclinar la balanza hacia el lado del bando que efectúa las descubiertas.

Prácticamente, un jaque a la descubierta, es mortífero y, generalmente, lleva consigo la ganancia de material e incluso de la propia partida.

Para una mayor comprensión de todo cuanto decimos no vemos nada mejor que ilustrar el tema con algunos diagramas explicativos del mismo.

Ejemplos prácticos de descubiertas:

De Peón

Ejemplo 1

Fig. 160. Posición base.

Fig. 161. Posición después de la jugada 1.P6R+.

En los Diagramas correspondientes a las figuras 160 a 167 se muestran algunas descubiertas protagonizadas por Peones, Caballos y Alfiles.

Ejemplo 2

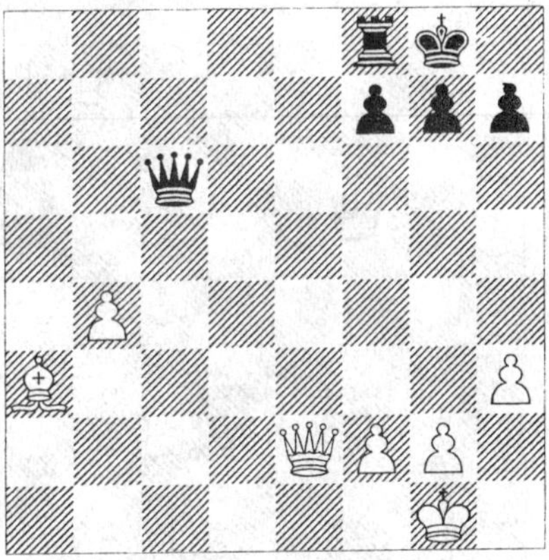

Fig. 162. Posición base.

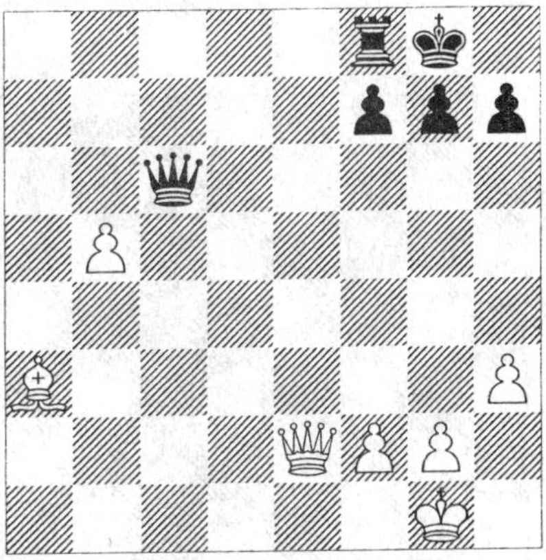

Fig. 163. Posición después de la jugada 1.P5CD.

EL ATAQUE DOBLE

Se conoce con este nombre a cualquier jugada que, ataca a dos piezas al mismo tiempo.

Se puede considerar como una gran amenaza, especialmente si una de las piezas amenazadas es el Rey.

Ataque doble de Caballo

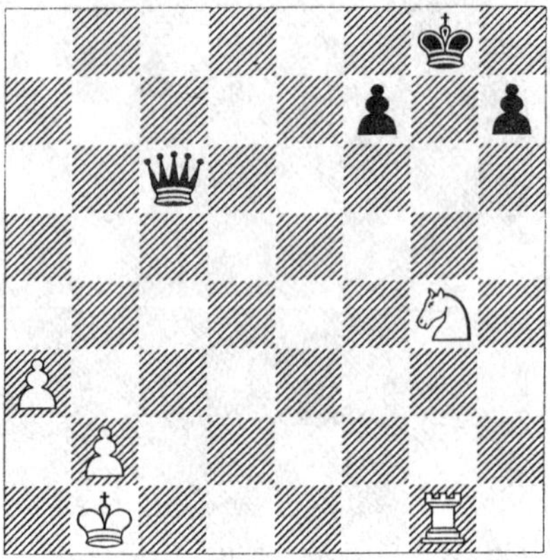

Fig. 164. Posición base.

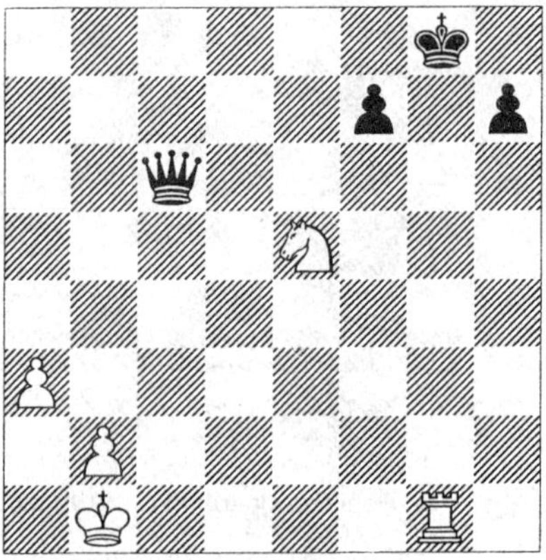

Fig. 165. Posición después de la jugada 1.C5R+.

Por ello es conveniente procurar evitar este tipo de amenazas contra la cual no hay solución satisfactoria.

También según la pieza que produzca el doble ataque, se pueden catalogar de:

1) Dobles de Caballo
2) Dobles de Alfil
3) Dobles de Torre
4) Dobles de Dama

Y, como una imagen vale más que mil palabras, vamos a examinar uno por uno, cada apartado en las figuras 168 a 175.

Ataque doble de Alfil

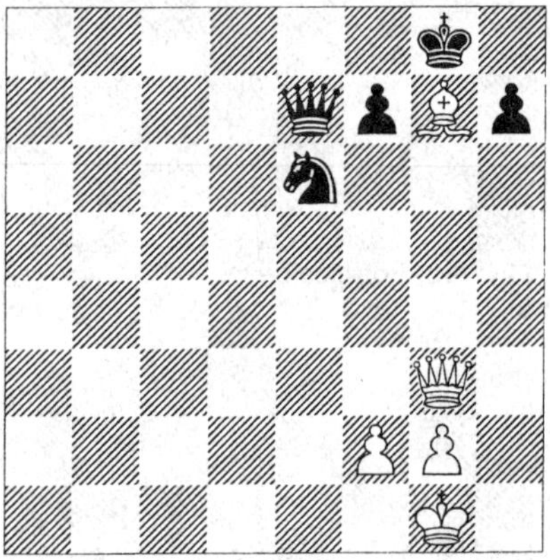

Fig. 166. Posición base.

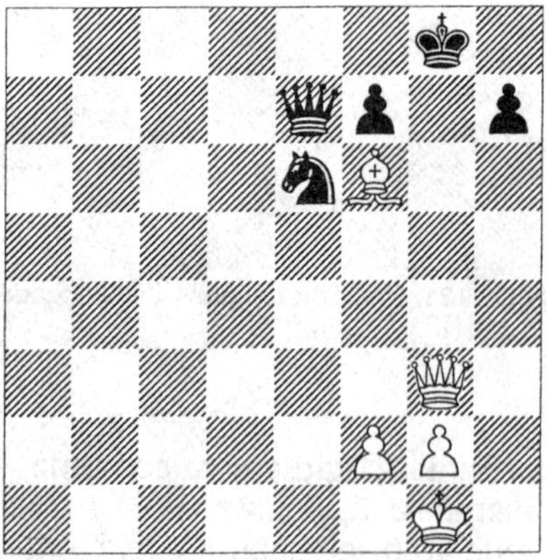

Fig. 167. Posición después de la jugada 1.A6A+ !

En los dos ejemplos anteriores, el ataque doble se obtenía simplemente moviendo una pieza para atacar, a la vez que se dejaba vía libre a otra que a su vez atacaba. Así vemos en la figura 165 que al mover al Caballo para atacar a la Dama, se daba paso a que automaticamente la Torre atacara al Rey.

Otra forma de ataque doble es cuando al mover la pieza atacante, ésta amenaza al mismo tiempo a dos piezas. Por ejemplo, en la figura 169 el Caballo pasa a atacar a las dos Torres simultáneamente.

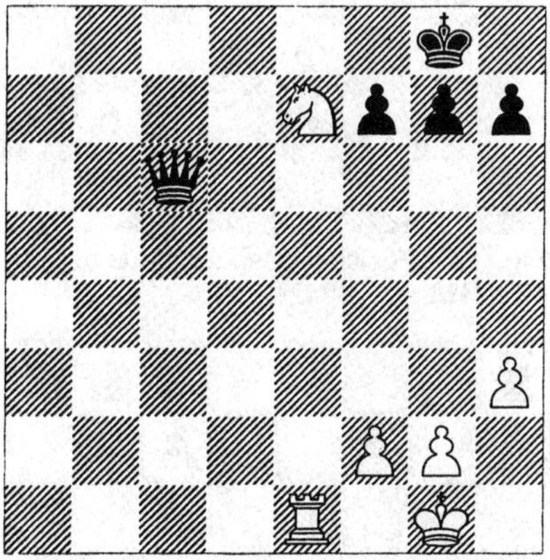

Fig. 168. Posición después de la jugada 1.C7R+ !

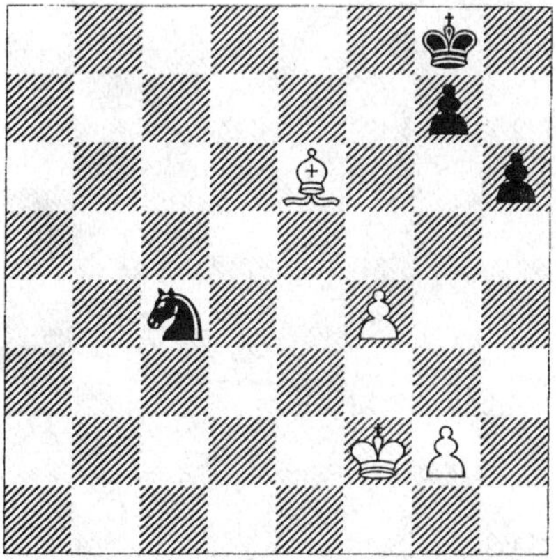

Fig. 170. Posición después de la jugada 1.A6R+ !

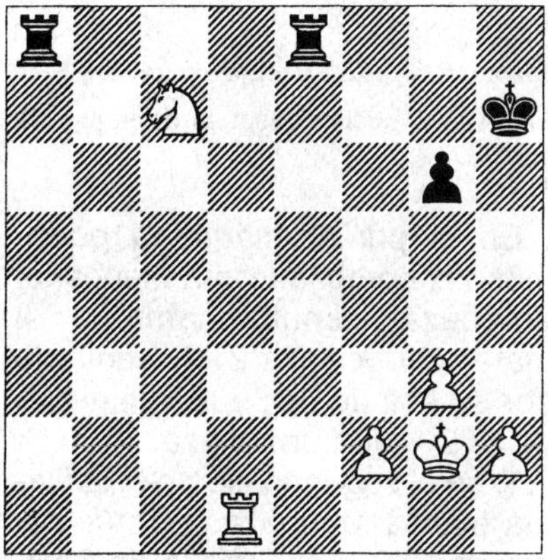

Fig. 169. Posición después de la jugada 1.C7AD!

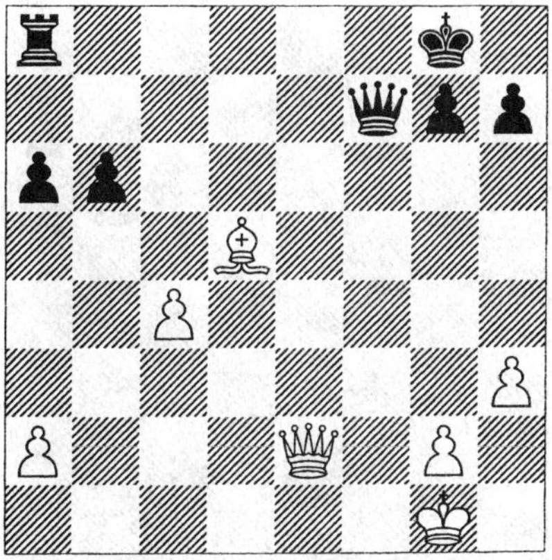

Fig. 171. Posición después de la jugada 1.A5D!

Dobles de Torre

Estos casos se producen muy raras veces, pero también son temibles.

Los ejemplos que ilustran el tema es clara elocuencia de cuanto exponemos.

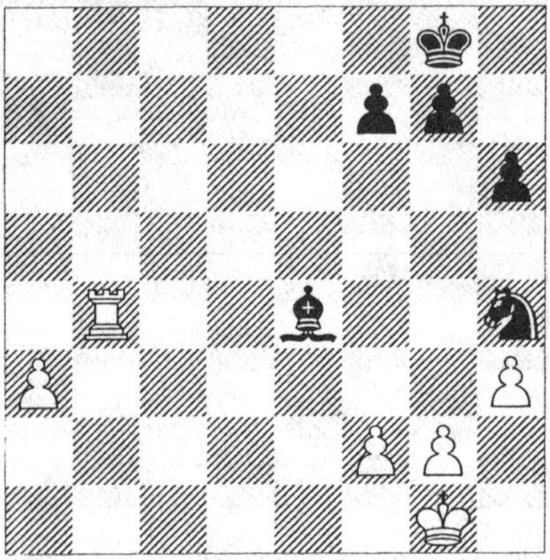

Fig. 172. Posición después de la jugada 1.T4C !

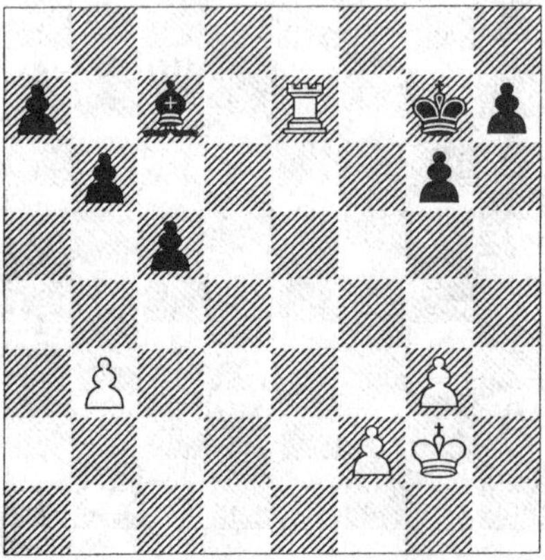

Fig. 173. Posición después de la jugada 1.T7R+ !

Dobles de Dama

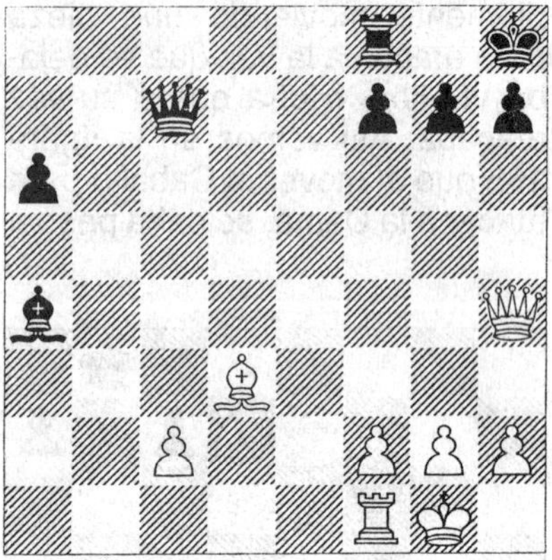

Fig. 174. Posición después de la jugada 1.D4TR !

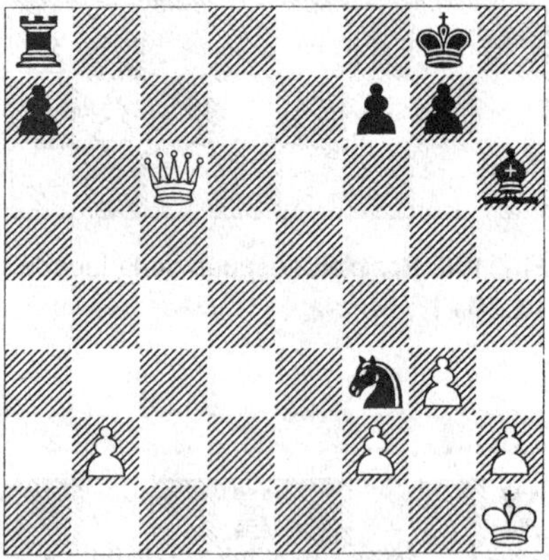

Fig. 175. Posición después de la jugada 1.D6AD !

En el primer diagrama podemos ver cómo la Dama blanca, al amenazar simultáneamente el mate en la casilla 2TR, apoyado por su Alfil de 3D, y al Alfil negro de 5TD, gana una pieza.

Y, en el segundo ejemplo, la Dama blanca amenaza la Torre negra de 1TD y al Caballo de 6AR, por lo que le hace ganar material debido a ese ataque doble.

LAS CELADAS O TRAMPAS

A continuación vamos a exponer una serie de celadas que se suelen producir en algunas aperturas de juego que, por su indudable interés, tanto teórico como práctico, creo serán del agrado del aficionado lector.

Apertura española

1.P4R, P4R; 2.C3AR, C3AD; 3.A5C, P3D; 4.P4D, A2D; 5.C3A, C3A; 6.AXC, AXA; 7.D3D, PXP; 8.CXP, P3CR; 9.A5C, A2C; 10.0-0-0, 0-0 ?

Fig. 176. Posición después de la jugada 10..., 0-0 ?

11.CxA, PxC; 12.P5R, PxP; 13.DxD, TDxD; 14.TxT, TxT; 15.C4R!, ganando calidad, ya que si 15...,CxC, seguiría 16.AxT!.

Gambito escocés

1.P4R, P4R; 2.C3AR, C3AD; 3.P4D, PxP; 4.A4AD, A4A; 5.C5C, C3T; 6.D5T, C4R?

Fig. 177. Posición después de la jugada 6...,C4R?

7.C6R!, PxC; 8.DxC4R!, ganando pieza.

Porque se amenaza 9.DxA, 9.DxPC, y 9.AxC y las negras no pueden defender simultáneamente esas tres piezas.

Defensa de los dos Caballos

1.P4R, P4R; 2.C3AR, C3AD; 3.A4A, C3A; 4.C5C, P4D; 5.PXP, CXP?; 6.P4D!, PXP?; 7.0-0, A3R; 8.T1R, A2R?

Fig. 178. Posición después de la jugada 8...,A2R?

9.TxA!, PxT; 10.CxPR, D2D; 11.AxC!, ganando pieza.

Ya que si 11...,DxA? seguiría 12.CxPA+, ganando.

Defensa Caro-Kann

1.P4R, P3AD; 2.P4D, P4D; 3.PXP, PXP; 4.P4AD, C3AR; 5.C3AD, C3A; 6.A5C, D3C?; 7.PXP, DXPC?

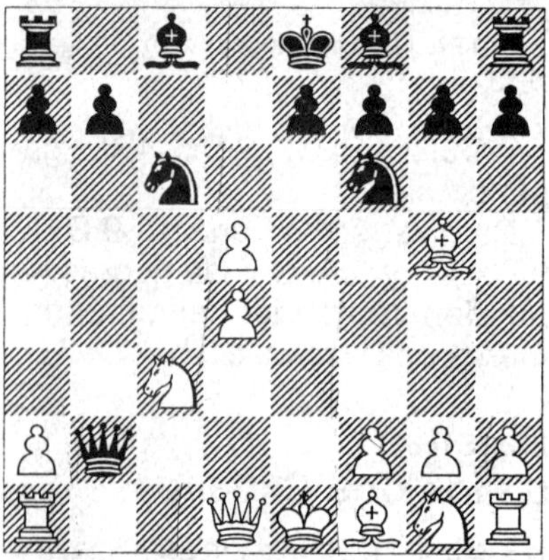

Fig. 179. Posición después de la jugada 7...,DxPC?

8.T1A!, C5CD; 9.C4T!, DxPT; 10.A4AD, A5C; 11.C3AR, y ganan una pieza.

Si 11...,D6T; 12.T3A, C7A+ 13.DxC, etc.

Defensa Siciliana

1.P4R, P4AD; 2.C3AR, C3AD; 3.P4D, PXP; 4.CXP, C3A; 5.C3AD, P3D; 6.A2R, P3CR; 7.A3R, A2C; 8.P3TR, 0-0; 9.D2D, P3TD; 10.T1D, D2A; 11.P4CR, P4CD?

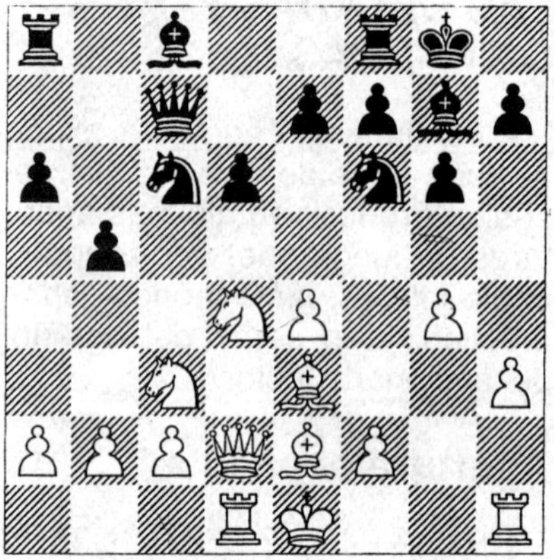

Fig. 180. Posición después de la jugada 11...,P4CD?

12.P5C, C2D 13.C5D, D2C; 14.CxC, DxC; 15.CxPR+, ganando la Dama.

Defensa India de Dama

1.P4D, C3AR; 2.P4AD, P3R; 3.C3AR, P3CD; 4.A5C, A2C; 5.CD2D, A5C; 6.P3TD, AxC+; 7.CxA, 0-0; 8.P3R, P3D; 9.A3D!, AxPC?

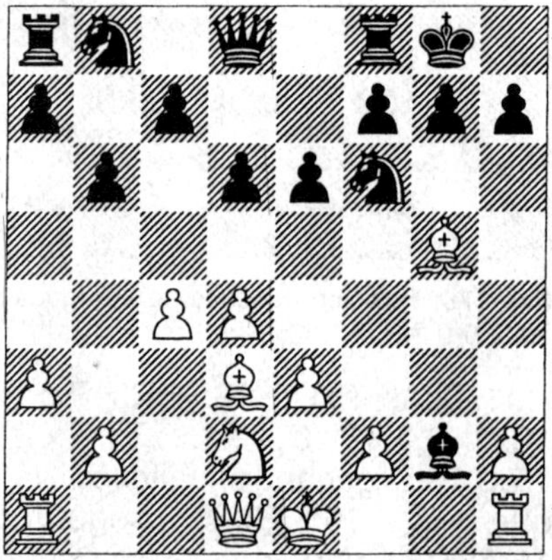

Fig. 181. Posición después de la jugada 9...,AxPC?

10.TR1C, A2C; 11.A6T!, C1R; 12.TxPC+!, CxT; 13.D4C, D3A; 14.A5C, ganando la Dama.

Las aperturas

En muchas ocasiones sucede que, tras aprender a jugar al ajedrez, es decir, saber sus movimientos iniciales, su técnica, etc. el aficionado se encuentra desorientado y juega sin tener la formación necesaria. Y esa falta de formación se debe a que hay varias facetas muy importantes que todo principiante, todo neófito, debe saber.

Nos estamos refiriendo a la fase que entra dentro del juego de la apertura, es decir, durante las primeras jugadas de una partida. Los primeros movimientos técnicos o apertura, el medio juego, la combinación, los mates, el final de partida, los estudios o finales artísticos, etc., quedan fuera del alcance del jugador que se ha iniciado solamente en los primeros pasos del juego. El ajedrez debe aprenderse poco a poco, paso a paso, sin prisa. También debe estudiarse con el mayor aprovechamiento posible y saber sobre todo, el porqué de las jugadas que se hacen en un determinado momento. El aprenderse tal o cual variante de memoria, apoyándose en la retentiva, no es solución razonable ni suficiente para el ajedrez.

Lo principal, la idea primordial, es saber el porqué se hace tal o cual jugada, por qué se ha de enrocar a tiempo, por qué se han de desarrollar las piezas lo más rápidamente posible, etc.

Pero como el primer paso siempre resulta dificultoso, también el aprender todo esto de golpe resultaría fatigoso, pesado, sobrecargado de materia. Es mucho mejor ir paso a paso, como ya hemos indicado anteriormente.

Y una vez explicado esto al lector, nada mejor que ponernos manos a la obra y entrar de lleno, sin más preámbulos, con una de las más interesantes variaciones del juego. Nos referimos a la apertura. A estas primeras movidas que, al principio, el aficionado principiante juega sin ton ni son, sin saber la importancia que tienen.

Son las aperturas que se conocen, y el estudiarlas todas resultaría aburrido y se perdería tiempo en su estudio o análisis, tanto más cuánto que la mayoría de las que se conocen no están hoy en día siendo utilizadas y puestas en práctica por los grandes maestros.

La apertura ha de servir al principiante para poder medirse con los jugadores que ya saben esta fase inicial del juego y que, de entrada ya juegan con una gran ventaja.

Pongámonos de lleno a examinar y estudiar esta nueva variante del ajedrez y estemos un poco más al corriente de todo lo que entraña el tema fascinante de la apertura.

Luego, más adelante, el lector nos lo agradecerá.

INTRODUCCIÓN A LA APERTURA

Primeramente se ha de explicar que la gran fuerza y el dominio del tablero está en su centro, es decir, en las dos casillas centrales, en donde tanto el Peón de Dama como el Peón de Rey magnetizan y ordenan el despliegue de las piezas.

Por lo tanto, no debería sorprender que un ochenta o un noventa por ciento de las aperturas se inicien con el movimiento de cualquiera de esos dos peones.

Es por ello razonable y a la vez recomendable que el juego se inicie moviendo dos pasos cualquiera de los peones centrales, o sea el PD o el PR.

Es muy fácil comprender que se les llama Peones centrales por estar ubicados, en principio, en el propio centro del tablero. Si nos fijamos bien veremos que el PD tiene un flanco de ala izquierda dominada por los tres Peones, a saber,TD (Torre Dama), CD (Caballo Dama) y AD (Alfil Dama). Y el PR tiene a su derecha sus tres reglamentarios Peones de su propia ala, o flanco derecho o de Rey, y son: el PTR, PCR y PAR.

Y ahora, entrando de lleno con la materia que tratamos, es decir, la apertura, estudiaremos las principales reglas que se han de tener en cuenta para hacer un buen y rápido desarrollo.

LOS CABALLOS

Después del movimiento de los Peones centrales debe seguirse el desarrollo con los Caballos, piezas más lentas en su movimiento que los Alfiles.

Se debe dar cierta preferencia al CR, y así, de esta manera, se prepara el enroque corto, generalmente el más seguro y arropado, haciéndolo, a ser posible, a la mayor brevedad, aunque a veces, en posiciones muy especiales, no es muy bueno efectuar el enroque. Pero solamente en posiciones muy especiales.

El CR ha de jugarse en la casilla de 3AR, que es donde domina más espacio, más casillas son controladas por su acción a distancia, en su salida inicial, y controla las casillas de 4R y 4D.

La colocación de los Caballos en 3TR o 3TD no resulta muy recomendable, salvo en casos especiales, ya que, además de dominar menos casillas, al alejarse del centro, queda en peligro de ser capturado por el Alfil adversario y así de esta forma, se obliga a doblar dos Peones, bien en la casilla de TR o TD, según sea el Caballo jugado.

Por todo lo anteriormente expuesto, hemos de concretar que los Caballos deben ser colocados, preferentemente, en las casillas 3AR o 3AD, en primer lugar; en 2D o 2R, en segundo término y, casi nunca, salvo casos excepcionales, en 3TR o 3TD.

LOS ALFILES

Después de los Caballos, es el Alfil la segunda pieza en ser movida. Se retarda su salida en cuanto a los Caballos para poder colocarlo, a su debido tiempo, en su casilla más idónea.

Ya es sabido que las mejores casillas, según la apertura elegida, son para los Alfiles las posiciones de 5CD, 4AD, 3D, 2R y 2CR para el Alfil de Rey, y 5CR, 4AR, 3R, 2D o 2CD para el de Dama.

Dentro de lo posible se ha de procurar no cambiar el Alfil por un Caballo ya que esta pieza es algo superior al Caballo, tanto en dominio a distancia como en valor numérico.

También hay que tener en cuenta que en algunas aperturas, en diferentes variantes, se suele cambiar el Alfil por el Caballo, especialmente en algunas líneas importantes de la apertura Española y en las defensas Francesa, Caro-Kann y Siciliana.

LAS TORRES

Normalmente, estas piezas, por su lento desarrollo, son las últimas en ponerse en juego, por lo que también son más usuales los finales con Torres que con cualquier otra pieza.

Ha de intentarse realizar lo más pronto posible el enroque para que así, de esta manera, la Torre del flanco elegido se ponga a la mayor rapidez posible en juego.

Las casillas donde deben ser colocadas las Torres son las siguientes: 1AR, 1R, 1D y 1AD, desde donde, a distancia, dominan el centro y sus casillas más cercanas.

Debe saberse que, las Torres han de ser instaladas en las columnas abiertas, es decir, en las que no existe peón propio o contrario que impidan su rápido desplazamiento de la primera a la octava casilla.

LA DAMA

Esta pieza, por su gran valor, es la que debe ser, junto con el Rey, la más protegida del juego. Perdida esta pieza puede decirse que, salvo especiales circunstancias, el juego ya se ha perdido.

Las casillas ideales para la colocación de la Dama son: 2AD, 2D, 3D, 2R, 3CD o 3CR, etc., según la apertura y línea desarrollada.

EL ENROQUE

Se ha de hacer esta jugada cuanto antes sea posible ya que con ello se consiguen dos importantes objetivos: colocar el Rey a seguro y desarrollar la Torre del flanco con la máxima prontitud.

Los enroques más corrientes son los cortos (0-0), es decir, los que se realizan en el flanco de Rey. Los de Dama (0-0-0) son menos utilizados, por lo menos por los jugadores conservadores que no quieren arriesgarse en combinaciones y ataques espectaculares.

De los dos enroques, el más rápido, tranquilo y seguro es el corto, o sea el efectuado en el flanco de Rey. Y tiene su razonamiento ya que solamente han de defenderse, de las ocho columnas, tres de ellas, que son: AR, CR, y TR. En el enroque largo son cuatro los Peones que han de estar en observación y en constante vigilancia de las acechanzas del enemigo, a saber: PTD, PCD, PAD y PD.

Una de las cosas principles en que debe fijarse el jugador antes de hacer el enroque es ver si el contrario tiene columnas abiertas en el mismo flanco por donde queremos enrocarlo.

El hacerlo resultaría muy peligroso por la sencilla razón de que podrían ser colocadas baterías (Torres) que atacarían a distancia y con gran fuerza a nuestro Rey.

REGLAS GENERALES

Las reglas más generalizadas que debemos observar antes de pasar al estudio de las aperturas, son:

a) No debe moverse la Dama al principio de la partida. Y menos hacer incursiones con la misma en terreno adversario.
b) No hacer varias jugadas con las mismas piezas. Procurar que cada movimiento sea efectuado con una pieza diferente.
c) Las piezas no deben obstruirse unas a otras, por lo que la colocación de las mismas ha de ser todo lo armoniosas posibles, es decir, colocarlas sin que ninguna de ellas impida el libre movimiento de las otras.
d) No efectuar ataques prematuros. Hay que realizar el desenvolvimiento completo de todas las piezas antes de intentar cualquier ataque al terreno contrario.
e) Primeramente hay que sacar las piezas menores, por este orden, con preferencia, Peones, Caballos, Alfiles, Torres y Dama.
f) Es necesario vigilar el movimiento de los Caballos enemigos, ya que, por su especial movimiento, pueden en más de una ocasión cogernos por sorpresa.
g) Otra cosa muy necesaria que hay que procurar es la de vigilar y controlar las diagonales y, por tanto, los Alfiles enemigos.
h) La lucha por el centro del tablero ha de ser siempre la base de la lucha posicional. Tener controladas las casillas 4D, 4R, 5D y 5R, proporcionan una buena base de desarrollo.
i) Será preferible que se elijan algunas aperturas con las piezas blancas y otras con las negras y se estudien detenidamente hasta conseguir una perfección en su desarrollo e idea.
j) Aprender el espíritu de las aperturas seleccionadas y no memorizar variantes, subvariantes, etc., sin ton ni son.

Todo lo expuesto creemos que es más que suficiente para esta introducción a la apertura. El estudio, el interés que ponga cada uno, es ahora lo que tendrá su valor intrínseco.

Si razonamos y no memorizamos como autómatas, podremos llegar a jugar con soltura, no sólo las aperturas que encontraremos en este libro, sino cualquier otro tipo de aperturas y posiciones que nos sean desconocidas.

CLASES DE APERTURAS

Tenemos un buen número de aperturas. Por eso resulta muy difícil el poder estudiarlas todas con la dedicación necesaria.

Se ha creído más oportuno el dedicarle especial interés a las aperturas que, por ser las más jugadas en los torneos magistrales por los grandes maestros internacionales, se usan y se prodigan más.

De esta forma, el número de líneas de juego quedan ostensiblemente reducidas, lo que redunda en un beneficio intrínseco para las aperturas elegidas.

Hay que señalar que las aperturas se suelen dividir en tres grandes grupos:

a) Aperturas abiertas,
b) Aperturas semiabiertas, y
c) Aperturas cerradas.

A continuación, dentro de cada uno de los temas de aperturas, vamos a indicar las principales jugadas por las que suelen tomar el nombre, seleccionando las que están más en uso, debido a su gran valor didáctico ya reconocido.

Hay otras muchas que están en desuso, pero algunas lo están no por defectuosas ni por malas, sino únicamente porque no gozan en la actualidad de la estimación de los grandes maestros de nuestros días.

a) Aperturas abiertas

Defensa Philidor
1.P4R, P4R; 2.C3AR, P3D
Gambito de Rey
1.P4R, P4R; 2.P4AR
Defensa Petrov
1.P4R, P4R; 2.C3AR, C3AR
Apertura Escocesa
1.P4R, P4R; 2.C3AR, C3AD; 3.P4D
Apertura Italiana (Gioco Piano)
1.P4R, P4R; 2.C3AR, C3AD; 3.A4A, A4A
Defensa de los Dos Caballos
1.P4R, P4R; 2.C3AR, C3AD; 3.A4A, C3A
Apertura Española
1.P4R, P4R; 2.C3AR, C3AD; 3.A5C

b) Aperturas semiabiertas

Defensa Alekhine
1.P4R, C3AR
Defensa Pirc-Ufimtsev
1.P4R,P3D
Defensa Caro-Kann
1.P4R, P3AD
Defensa Francesa
1.P4R, P3R
Defensa Siciliana
1.P4R, P4AD

c) Aperturas cerradas

Gambito de Dama Aceptado
1.P4D, P4D; 2.P4AD, PxP
Defensa Ortodoxa
1.P4D, P4D; 2.P4AD, P3R; 3.C3AD, C3AR
Defensa Tarrasch
1.P4D, P4D 2.P4AD, P3R; 3.C3AD, P4AD
Defensa Eslava
1.P4D, P4D; 2.P4AD, P3AD
Contragambito Albin
1.P4D, P4D; 2.P4AD, P4R; 3.PDxP, P5D
Gambito de Budapest
1.P4D, C3AR; 2.P4AD, P4R
Apertura Catalana
1.P4D, P4D; 2.P4AD, P3R 3.C3AR, C3AR; 4.P3CR
Defensa Grunfeld
1.P4D, C3AR; 2.P4AD, P3CR; 3.C3AD, P4D
Defensa India de Rey
1.P4D, C3AR; 2.P4AD, P3CR
Defensa India de Dama
1.P4D, C3AR; 2.P4AD, P3R; 3.C3AR, P3CD
Defensa Holandesa
1.P4D, P4AR
Apertura Bird
1.P4AR
Apertura Inglesa
1.P4AD
Apertura Sokolski (Orangután)
1.P4CD
Defensa Nimzoindia
1.P4D, C3AR; 2.P4AD, P3R 3.C3AD, A5C

APERTURAS MÁS USUALES

Dentro del apartado dedicado exclusivamente a las aperturas, es decir, las primeras jugadas que se realizan al iniciarse una partida de ajedrez, hemos seleccionado las que suelen usarse más corrientemente en nuestros días, dejando el resto, entre ellas el legendario Gambito de Rey que tan bellas composiciones han aportado al ajedrez universal.

De las relacionadas en el apartado anterior, las más usuales son las siguientes:

a) Aperturas abiertas

- Gioco Piano
- Defensa de los dos Caballos y
- Apertura Ruy López o Española

b) Aperturas semiabiertas

- Defensa Caro Kann
- Defensa Francesa y
- Defensa Siciliana

c) Aperturas cerradas

- Defensa India de Rey
- Defensa India de Dama
- Defensa Nimzoindia
- Apertura Inglesa

De las diez aperturas que les hemos seleccionado lo han sido seis del peón de rey (Gioco Piano, Defensa de los dos Caballos, Apertura Ruy López o Española, Defensa Caro-Kann, Defensa Francesa y Defensa Siciliana) y las cuatro restantes del peón de dama (Defensa India de Rey, Defensa India de Dama, Defensa Nimzoindia y Apertura Inglesa). Ahora bien, dentro de las aperturas que se han remarcado, cada jugador debe escoger las que crea más convenientes a su estilo de juego.

Jugando con blancas pueden elegir entre el PR o PD, especializándose en alguna de ellas.

Luego, con las piezas negras, han de ver las defensas más idóneas, contra el PR o el PD de sus adversarios.

Son las más jugadas, contra el PR, la Defensa Siciliana, Defensa Caro-Kann o Defensa Francesa.

Ahora sólo es cuestión de aprenderse la idea de las mismas y practicar, sobre todo practicar mucho con ellas.

Luego, los resultados, ya vendrán por añadidura.

El final de partida

En una partida de ajedrez se producen tres fases muy interesantes y muy diferentes entre sí:

a) La apertura,
b) El medio juego, y
c) El final.

El final de partida es la última fase de toda partida de ajedrez.

Muchas partidas no suelen llegar al final.

De esas tres fases que hemos relacionado, el final o última fase de la partida tiene una vital importancia, todo lo cual ha sido mundialmente reconocido no sólo por los tratadistas de ajedrez, sino incluso por los grandes maestros del tablero.

El legendario campeón mundial, el cubano José Raúl Capablanca, era un apasionado del final de partida y recomendaba siempre a los jóvenes que empezaban con los balbuceos del ajedrez que primeramente aprendieran la técnica del final.

Por todo ello no quiero dejar que en el libro falte este capítulo tan importante dedicado a esta última fase.

Analizaremos muy por encima algunos finales elementales, base de los otros que suelen producirse, para que el aficionado ajedrecista tenga una idea de la técnica a emplear cuando se encuentre en una situación igual o parecida.

Los finales más corrientes son los de Torres y los de Reyes y Peones.

Son finales muy difíciles de jugar. Tienen mucho cálculo matemático. Una sola jugada hecha en falso puede redundar en la pérdida de la partida.

En el final de Rey y Peón contra Rey, el Peón ha de coronar para poder decidir la lucha a su favor.

Y la coronación de ese Peón, con apoyo del propio Rey, es lo que vamos a estudiar seguidamente.

Se ha de intentar ganar siempre la oposición, o sea, tener los Reyes enfrentados, si es el bando débil el que intenta hacer las tablas.

Las blancas han de evitar que el Rey contrario les gane la oposición, o sea, que se les enfrente.

Veamos un sencillo final:

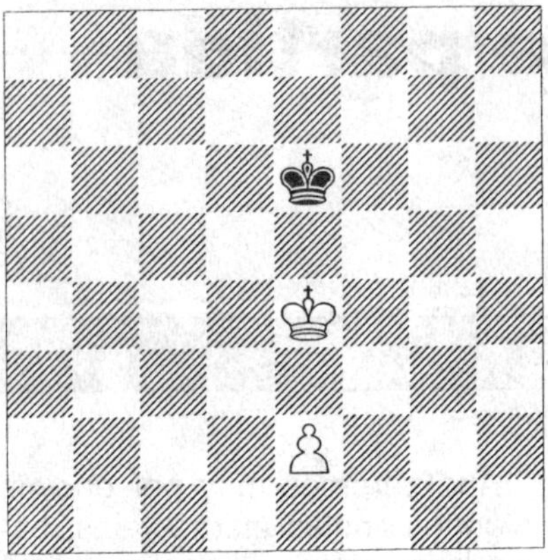

Fig. 182. Juegan las blancas y ganan.

La solución de este instructivo final es como sigue:

1.P3R, R3D; 2.R5A, R2D; 3.R6A, R1D; 4.P4R, R2D; 5.P5R, R1R; 6.R6R, R1D; 7.R7A y coronan el Peón.

Si el Rey se encuentra colocado dos o más casillas delante de su propio Peón, gana en todos los casos.

Para estudiar la gama que existen de finales no hay nada mejor que procurarse libros dedicados exclusivamente a esta importantísima fase de la partida, o sea, el final.

Veamos, sin más preámbulos, algunos de ellos.

En la siguiente posición las negras consiguen el empate, porque ganan la oposición al Rey blanco.

Veamos la maniobra:

1.P5D+, R3D; 2.R4D, R2D; 3.R5R, R2R; 4.P6D+, R2D; 5.R5D, R1D! (la jugada justa);

6.R6R, R1R; 7.P7D+, R1D; 8.R6D, y tablas por ahogado.

Fig. 183. Tablas.

Estudiemos seguidamente este final de Torre y Peón contra Torre.

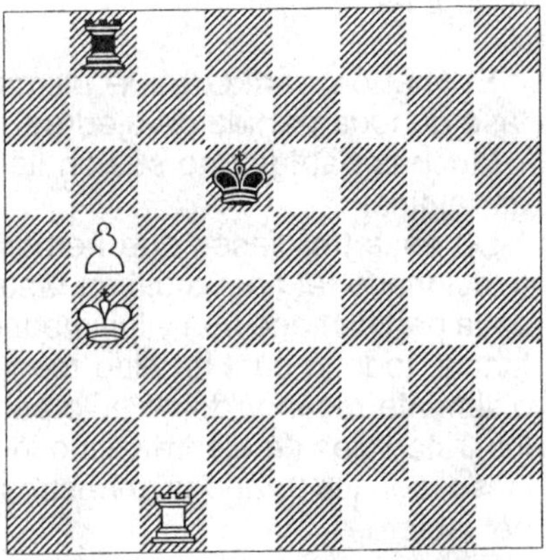

Fig. 184. Las blancas juegan y ganan.

1.R5T, T1T+; 2.R6C, T1C+; 3.R6T, T1T+; 4.R7C, T7T; 5.P6C, T7CD; 6.R7T, T7T+; 7.R8C, T7CD; 8.P7C, y ganan.

Los finales de Dama son los más dificultosos por el gran número de jaques que se pueden dar. Observemos la interesante posición del diagrama y analicemos el sistema o técnica utilizada por las blancas para alzarse con la victoria.

Este final que se va a examinar es obra del francés Philidor (1803).

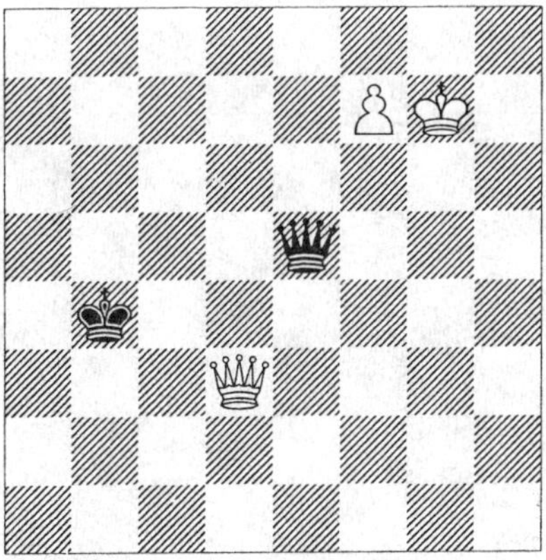

Fig. 185. Blancas juegan y ganan

1.R8C, D4C+; 2.R8A, D4A+; 3.R8R, D1AD+; 4.R7R, D2A+; 5.R6R, D1A+; 6.D7D, D5A+; 7.D5D, D5C+; 8.D5A, D5A+; 9.R5R, D2A+; 10.R4R, D2R+; 11.R3A, D1A; 12.R2A!, R6C; 13.R1A, R5C; 14.D4R+, seguido de 15.D8R, ganando.

Fig. 186. Blancas juegan y ganan.

La posición del diagrama se debe al italiano Centurini, y la forma de llegar a la victoria es como sigue:

1.A6A!, A7R; 2.A5D, A4C; 3.A6R, R6R; 4.A7D, A8A; 5.P6A, R5D; 6.P7A, A3T; 7.R6A, R6A; 8.R6C, y no se puede evitar la coronación del Peón blanco.

La partida comentada

Vamos a iniciar este nuevo capítulo en donde el lector podrá pasar unos ratos agradables y ya poco nos restará decir sobre el presente libro.

Esta selección de partidas comentadas tiene tres distintas peculiaridades y son:

a) Que la mayoría han sido jugadas por grandes maestros, algunos incluso campeones mundiales.
b) Que dichas partidas han sido comentadas detalladamente en su totalidad.
c) Que, salvo excepciones, las aperturas jugadas son las que se utilizan más en la actualidad.

Y ahora examinaremos muy detenidamente cada una de las partidas siguientes que hemos seleccionado.

«LA SIEMPREVIVA»

Vamos a comentar una interesante partida que, en su tiempo, asombró al mundo y que, actualmente, sigue siendo la admiración de aficionados y profanos.

Nos estamos refiriendo a la partida que se jugó en Berlín, en el año 1852, y que el que fuera campeón mundial, W. Steinitz, la calificó como la «evergreen», «La Siempreviva».

Sin más preámbulos vamos a comentar esta interesante lucha.

GAMBITO EVANS ACEPTADO
***Blancas:* A. ANDERSSEN**
***Negras:* J. DUFRESNE**

1.P4R, P4R; 2.C3AR, C3AD; 3.A4A, A4A; 4.P4CD,

Esta jugada es conocida como Gambito Evans, que lleva el nombre del capitán que la puso en boga. Según se asegura, un buen día un golpe de mar hizo moverse el PCD dos pasos adelante, y de esta forma fortuita se inició un gambito muy conocido que ha producido brillantes partidas como la presente y que lleva el nombre del capitán que la puso en práctica.

4...,AxPC

Si 4...,P4D; 5.PxP, CxP; 6.0-0, C3AR; 7.CxP, C5xPD; 8.P4D, A3D; 9.A5CR, P3A; 10.C2D+

Si 4...,CxP; 5. P3A!, C3AD; 6. P4D+.

Con esta captura las negras aceptan el gambito. Puede ser rehusado de la siguiente forma:

4...,A3C; 5.P4TD, P3TD; 6.C3A, C3A; 7.C5D, CxC; 8.PxC, P5R; 9.PxC, 0-0; 10.A2C, PxC; 11.DxP, PDxP; 12.D3A, T1R+; 13.R1A, D4C; 14.P4TR, D3T; 15.P5TD, etc.

5.P3A, A4T

O también 5...,A4A; 6.P4D, PxP; 7.0-0, P3D; 8.PxP, A3C; 9.C3A, A5C; 10.A5CD, R1A; 11.A3R, CR2R; 12.P4TD, P4TD; 13.A4AD, A4T; 14.R1T, C5C; 15.P5D, C3C = (Lowenfisch).

6.P4D, PxP

También podía seguirse con: 6...,P3D; 7.D3C, D2D; 8.PxP, PxP; 9.0-0, A3C; 10.T1D, D2R; 11.A3T, D3A; 12.CD2D, CR2R.

7.0-0, P6D

Era mejor, ahora, 7...,CR2R!

La entrega del peón por parte de las negras intenta retrasar el futuro desarrollo de las blancas.

También evitan la formación de un fuerte centro por parte de las blancas, mediante 8.PxP!, etc. No es jugada fuerte, pues da la iniciativa a las blancas.

Es más normal seguir, por ejemplo, con: 7...,P3D; 8.PxP, A3C, etc.

8.D3C, D3A; 9.P5R, D3C

Naturalmente, si 9...,CxP; 10.T1R, P3D; 11.D5C+, etc.

10.T1R

Con este movimiento las blancas intentan evitar el avance del PD de las negras.

10..., CR2R; 11.A3T, P4C?

Jugada que no es correcta. Era mucho mejor 11...,0-0. También era preferible 11...,P3TD.

Con el sacrificio del PCD, Dufresne intenta poner en movimiento su TD y AD.

12.DxP, T1CD; 13.D4T, A3C

Las negras preparan la defensa mediante 14...CxA, en caso de que A. Anderssen se decidiera por 14.AxC.

14.CD2D, A2C; 15.C4R, D4A

Las negras no tenían mejor jugada. A 15...,0-0 podía haberse seguido con 16.AxPD con fuerte ataque (J. Dufresne).

También E. Lasker sugería como mejor continuación 15...,P7D, seguido de 16...,0-0.

16.AxPD, D4TR

Fig. 187. Posición después de la jugada 16...,D4TR.

Las blancas amenazaban 17.C6D o C6A+, atacando la Dama adversaria.

17.C6A+!!

Bonita entrega de caballo que debe ser capturado, ya que se amenazaba, simultáneamente, al Rey y a la Dama adversaria.

17...,PxC; 18.PxP, T1C

Preparando un fuerte ataque contra el enroque de las blancas.

19.TD1D!

Podemos ver cómo esta jugada, al parecer insignificante, forma parte de un diabólico plan que se inició con el brillante sacrificio del caballo.

Es el inicio de una de las combinaciones más extraordinarias y brillantes que se conocen en el mundo del ajedrez.

Sobre esta posición se han hecho innumerables análisis y merece mencionarse el realizado por L. Lipke y publicado en el *Deutsche Schachzeitung* del año 1894 y reproducido en la *Rivista Scachistica Italiana* en el año 1900 (J. Paluzie).

19...,DxC

Al parecer, después de esta jugada, las negras no tienen salvación.

P. Lipke afirma que la mejor defensa era: 19...,T5C!.

20.TxC+!!, CxT

Si Dufresne hubiese seguido con 20...,R1D se podía haber continuado de la siguiente forma:

21.TxPD+, R1A. (Si 21...,R1R; 22.T7R+, R1D; 23.A2R+ y ganan la Dama) (Sí 21...,RxT; 22.A2R+ ganando la Dama); 22.T8D+, CxT (Sí 22...,RxT; 23.A2R+, y ganan la Dama). (Sí 22...,TxT; 23.PxD y ganan); 23.D7D+, RxD; 24.A5A+, R juega; 25.A7D++.

Esta combinación es tan bonita como la realizada en la partida.

21.DxPD+!!!

Ahora puede verse que la jugada 19.TD1D! llevaba veneno. Este sacrificio, al mismo tiempo que resultaba muy espectacular, también es decisivo.

21...,RxD; 22.A5A+!

La base de la genial combinación de A. Anderssen.

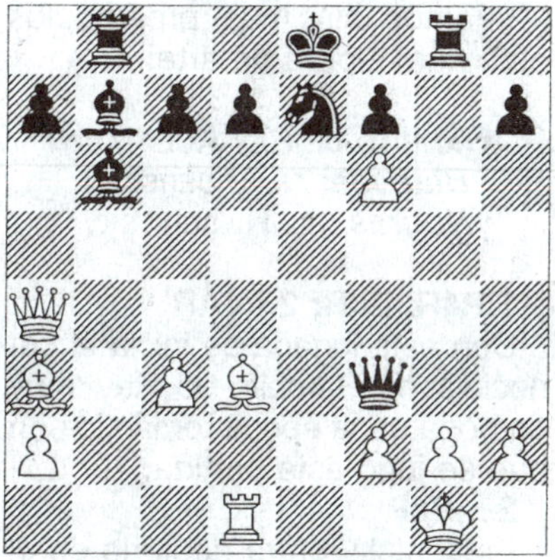

Fig. 188. Posición después de la jugada 20...,CxT.

22...,R1R

Si 22...,R3A; 23.A7D++.

23.A7D+, R1A o R1D 24.AxC++

Hemos presenciado una de las partidas más conocidas y admiradas por todos los ajedrecistas del mundo entero. «La Siempreviva», tal como la denominara acertadamente el genial maestro prusiano W. Steinitz, aún vive en nuestros días.

«LA INMORTAL»

Ya hemos saboreado la partida de A. Anderssen conocida como «La Siempreviva», jugada en Berlín en el año 1852 y que dio rápidamente la vuelta al mundo causando gran sensación y admiración entre los aficionados.

Pero no es menos cierto de que también el mismo jugador fue el principal protagonista de otra maravillosa partida, que se llegó a denominar «La Inmortal», jugada un año antes, o sea en 1851, en Londres.

Veamos sin más preámbulos esta nueva obra de arte:

GAMBITO DE REY ACEPTADO
***Blancas*: A. ANDERSSEN**
***Negras* : L. KIESERITSKY**

1.P4R, P4R; 2.P4AR

Con esta jugada se inicia el conocidísimo Gambito de Rey, muy en boga en la época romántica en que se jugó esta partida.

2...,PxP

Kieseritsky entra de lleno en el Gambito de Rey aceptado.

También es jugable el Contragambito Falkbeer. Por ejemplo: 2...,P4D; 3.PxPD, P5R; 4.P3D, C3AR; 5.C2D, PxP; 6.AxP, CxP; 7.D2R+, A2R; 8.C4R, 0-0; 9.C3AR, CD2D; 10.0-0, C2-3A; 11.C5R+.

3.A4A, D5T+; 4.R1A, P4CD

Otra idea podría ser:

4...,P4CR; 5.C3AD, C2R; 6.P4D, A2C; 7.P3CR, PxP; 8.R2C, D3T; 9.PxP, D3C; 10.C3A, P3TR; 11.C5D! y las blancas están mejor.

La jugada del texto era uno de los contraataques favoritos de Kieseritsky.

5.AxPC, C3AR; 6.C3AR, D3T; 7.P3D, C4T

Ahora se amenaza nada menos que 8...,C6C+!, ganando la calidad.

8.C4T

Si las blancas hubiesen movido el Rey, para evitar esta amenaza, por ejemplo 8.R2A?, o 8.R1C?, las negras habrían ganado pieza inmediatamente por 8...,D3C+!, etc.

8...,D4C

Con la doble amenaza de 9...,DxA y 9...,DxC. Era mejor, no obstante, 8...,P3CR.

9.C5A, P3AD

Si Kieseritsky hubiese intentado ganar una pieza, habría seguido con 9...,P3C; 10.P4TR, C6C+ (Si 10...,D3A; 11.C3A, PxC; 12.DxC, etc.); 11.R1R, D3A (Sí 11...D4T; 12.CxC); 12.CxC, PxC 13.D2R!, con buen juego.

10.P4CR

La partida sigue ahora por derroteros combinativos.

10...,C3A; 11.T1C

Steinitz, ex campeón mundial, dijo que esa jugada tenía una gran profundidad y una potencia de juicio magnífica, fuera de lo común en ese brillante juego de sacrificios.

Las blancas juegan de manera formidable, a partir de este instante, tal como reconoció el propio Kieseritsky una vez hubo terminado la partida.

El sacrificio del Alfil es sorprendente.

11...,PxA

Era mucho mejor haber seguido con 11...P3D.

12.P4TR, D3C; 13.P5T, D4C; 14.D3A, C1C

Naturalmente. El Caballo se retira para dar paso a la Dama. Se amenazaba 15.AxP, ganando la Dama.

15.AxP, D3A; 16.C3A, A4A; 17.C5D

También era buena 17.P4D!

Anderssen está en su elemento. Todas las jugadas de las blancas llevan el sello del genio (Steinitz).

17...,DxP

La Dama negra se aleja de la defensa de su Rey. Y esto le va a costar muy caro a Kieseritsky.

18.A6D!

Una nueva jugada genial. Si las negras caen en la sutil celada de cambiar alfiles, recibirían un fulminante mate en cuatro, a saber: 18...,AxA; 19.CxA+, R1D; 20.CxP+, R1R; 21.C6D+, R1D; 22.D8A++.

18...,DxT+; 19.R2R!, AxT

Anderssen ha sacrificado las dos Torres.

Si 19...,DxT; 20.CxPC+ y 21.A7A++.

Era mucho mejor jugar 19...,D7C!!.

Fig. 189. Posición después de la jugada 19...,AxT.

20.P5R!

Cerrando la gran diagonal negra e interrumpiendo la defensa de la Dama sobre el punto 2CR.

20...,C3TD

Prolongando un poco más la partida.

Si 20...,P3A; 21.CxP+, R2A; 22.CxPC, RxC; 23.C8R+ y mate a la jugada siguiente.

Si 20...,A3T; 21.C7A+, R1D; 22.CxA!, ganando (Tchigorin). No sirve 22.DxT, por 22...,D6A! 23.DxC+, A1A; 24.C5D!, DxPA+ 25.R1R, D8A+ y tablas por jaque continuo (Steinitz).

21.CxPC+, R1D; 22.D6A+!!

Bonita entrega de Dama que termina con toda la resistencia de las negras.

22...,CxD; 23.A7R++.

Maravilloso remate.

Kieseritsky era uno de los más fuertes jugadores de su época. Y ello queda claramente reflejado si señalamos que el resultado final de todas las partidas jugadas entre Kieseritsky y Anderssen terminó con ventaja del primero de ellos por el resultado de 9 victorias a 7 y 3 tablas.

Seguidamente vamos a ofrecer una bonita partida jugada por el Gran Maestro Internacional, Miguel Najdorf, polaco de nacimiento y nacionalizado argentino, que disputó contra Gluksberg, en el Campeonato Nacional de Polonia, en 1935.

Por su belleza se la conoce con el nombre de «La Inmortal Polaca» que, junto con la «Inmortal», jugada entre Anderssen y Kieseritsky, «La Siempreviva», bautizada en Alemania y disputada entre Anderssen y Dufresne, la de «Las Cinco Damas», del Dr. Alexander Alekhine y la «Sinfonía de Rubisntein», forman el repóker del ajedrez mundial.

LA INMORTAL POLACA

DEFENSA HOLANDESA
Blancas: GLUCKSBERG
Negras : M. NAJDORF

1.P4D, P4AR

Esta última jugada de las negras se conoce como Defensa Holandesa. Apertura no muy jugada por los grandes maestros del tablero porque, por ser poco habitual, hace que coja por sorpresa a más de un jugador.

2.P4AD, P3R 3.C3AD, C3AR; 4.C3A, P4D; 5.P3R, P3AD; 6.A3D, A3D; 7.0-0, 0-0;

Visto el enroque corto de ambos contrincantes, el más seguro y tranquilo, no hace presagiar la gran tormenta que se avecina sobre el tablero de las sesenta y cuatro casillas escaqueadas.

8.C2R, CD2D; 9.C5C?,

Jugada que parece natural pero que se escapa a la contundente continuación de las negras. Glucksberg no contaría con el sacrificio del Alfil.

9...,AxP+; 10.R1T!,

Naturalmente no podía jugarse 10. RxA?, por C5C+, seguido de 11...,DxC.

10...,C5C; 11.P4AR, D1R; 12.P3CR,

Debilitando el enroque. Pero... ¿qué jugar?

12....,D4T; 13.R2C, A8C!,

Esta jugada debió coger desprevenido a Glucksberg.

14.CxA, D7T+; 15.R3A,

Las blancas intentan alejar al Rey de la zona bélica.

Pero intento inútil según demostró de forma genial y contundente el polaco-argentino Najdorf.

Fig. 190. Posición después de la jugada 15.R3A.

15...,P4R!; 16.PDxP, CDxP+; 17.PxC, CxP+; 18.R4A, C3C+; 19.R3A, P5A!,

Sigue la orgía de sacrificios de las negras. El tablero se ha vuelto un infierno. El final se ve venir de forma aterradora.

20.PRxP, A5C+!!,

¡Colosal! Esto es, como en las corridas de toros, la puntilla final.

21.RxA, C4R+!,

Al parecer a Najdorf le sobran casi todas sus piezas pues las va entregando con una generosidad pasmosa.

22.PxC, P4TR++

El remate ha sido verdaderamente bello. Es una joya del ajedrez universal.

Nunca nos cansaremos de ponderar la belleza de estas tres partidas, que además son frecuentemente utilizadas como referencia.

A continuación vamos a comentar una bonita partida, obra del autor de este libro que, por su gran espectacularidad, ha sido publicada en infinidad de revistas dedicadas al noble juego del ajedrez.

Campeonato Social del Club de Ajedrez Barcelona - "C-1"
Barcelona, 1950
DEFENSA SICILIANA
Variante del Dragón
***Blancas* : L. PONCE SALA**
***Negras* : J. PARPAL**

1. P4R, P4AD,

A esta jugada se la conoce con el nombre de Defensa Siciliana.

2.C3AR, P3D,

Otras ideas a tener en cuenta son: 2...,C3AD y 2....,P3R.

3.P4D, PxP; 4.CxP, C3AR,

Esta jugada, además de amenazar al peón de 4R de las blancas, tiene por objeto de que si el blanco lo defiende mediante la jugada de desarrollo 5.C3AD, obstruyera el avance P4AD, lo que daría un claro dominio sobre la casilla 5D de las blancas.

5.C3AD, P3CR.

Esta idea de desarrollar el AR por medio del «fiancheto», da nombre a la «Defensa del Dragón».

Otra variante muy en uso es la continuación moderna: 5...,P3TD.

Por ejemplo: 6.A5CR, P3R; 7.P4A, A2R; 8.D3A, D2A; 9.0-0-0, CD2D; 10.P4CR (Sajarov-Korchnoi).

También es interesante el sistema Boleslavski, a saber:

6.A2R, P4R; 7.C3C, A2R; 8.0-0, 0-0; 9.P4A, P4TD; 10.P4TD, C5CD; 11.R1T!, A3R; 12.P5A, A2D; 13.A5CR, A3A; 14.A3A =.

6.A2R, C3A; 7.A3R, A2C; 8.P4A,

Son más corrientes estas otras líneas:

8.0-0, 0-0; 9.C3C, A3D; 10.P4A, D1A; 11.D1R, P4TD; 12.T1D ó 12.P4TD, con ligera ventaja del blanco.

Otras ideas podrían ser:

8.C3C, 0-0; 9.P4A, P4TD!;10. P4TD, A3R; 11.0-0!, C5CD; 12.C4D, T1A y las blancas están algo mejor.

Es jugable también el Sistema Grigoriev:

8.D2D, 0-0; 9.0-0, C5CR; 10.AxC, AxA; 11.C5D, T1A; 12.P4AD, A2D =

Y, finalmente, el Sistema Belawenetz:

8.P3A, 0-0; 9.C3C, A3R; 10.C5D, con ligera ventaja blanca.

Pero el negro podría nivelar mediante:

9...,P4D; 10.PxP, C5C; 11.P6D, DxP. O también 8...,CxC; 9.AxC, 0-0; 10.0-0, P3CD.

8....,D3C

Esta jugada resulta algo arriesgada aunque presiona y amenaza el PCD. Parecía algo mejor 8...,0-0, poniendo al Rey a resguardo.

9.C5A!

Interesante combinación que elimina el Alfil negro de 2CR, ante la doble amenaza que se produce.

9...,DxP; 10.CxA+, R1A

Y la pieza se recupera, ya que el Caballo está encerrado.

11.A2D,

Se amenazaba 11...,DxC+, ganando pieza.

11...,RxC; 12.T1CD,

Pidiendo explicaciones a la intromisión de las negras en el flanco de Dama.

12...,D6T; 13.0-0, C5D

Parece mejor 13...,T1D. La del texto amenaza el Alfil de 2R e impide la jugada 14.T3C.

14.P5R!, CxA+; 15.DxC, PxP; 16.PxP, D4A+

Con la idea de seguir a 17.R1T con 17...,C4R.

Pero se produce la primera sorpresa.

17.A3R!!, DxC

La toma del Caballo es obligada si no se quiere perder pieza, ya que no sirve 17...,DxP?, por 18.A6T+!, ganando la Dama.

18.PxC+, PxP; 19.T3C, D4R

Clavando el Alfil de 3R.

20.D2D!,

Desclavando y dominando la columna de Dama. Además se amenaza, entre otras, 21.TxPA!, seguido de 22.A4D.

También 21.A4D!, amenazando la Dama y presionando sobre el PAR.

Y, por último, la atrayente y fuerte jugada 21.A6T+!, dejando incomunicadas las dos torres enemigas.

20..., A4A

Desarrollando una pieza. Defendiendo la presión sobre el peón de 3AR y poniendo a sus torres en contacto directo.

21.A6T+!, R1C

La Torre de 1TR del negro queda así cautiva e incomunicada al mismo tiempo.

22.T1R.

Dominando la columna TR al propio tiempo que amenaza a la Dama. Mejor que la recuperación de material mediante 22.TxPC.

22...,D4A+; 23. R1T, DxP

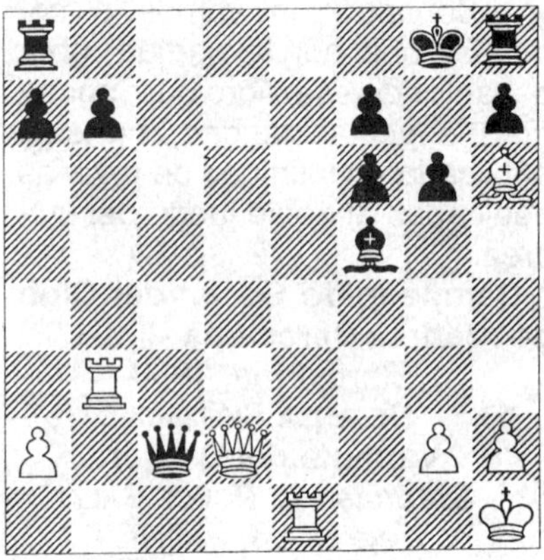

Fig. 191. Posición después de la jugada 23...,DxP.

24.T3-3R!!,

Empieza la combinación, basándose en el mate que se produciría si las negras capturasen la Dama.

Por ejemplo: 24...,DxD?; 25.T8R+!, TxT; 26.TxT++.

24..., D3A

Obligada. Se amenazaba 25.T8R+!! y mate a la jugada siguiente.

25.D5D!!,

Nueva entrega de Dama. Ahora el negro se encuentra ante múltiples amenazas.

Las blancas amenazan: 26. DxD, seguido de 27.T8R+!.

Si 26.DxA!, PxD; 27.T3CR++.

Sí 26.DxPA+!!, RxD; 27.T7R+, R1C; 28.T7C+, R1A; 29.TxPCD+, R1C; 30.T7C+, R1A; 31.TxPTD+, R1C; 32.T7CR+, R1A; 33.T7AD+, R1C; 34. TxD, ganando, ya que si 34...,R2A; 35.T7A+, R1C; 36.T7C+, R1A; 37.T7T+, ganando.

Y si 34...,TxPT; 35.TxPA!, etc.

25...,A3R!; 26.D4D!,

Amenaza 27.DxPA, con mate imparable en 7CR.

26...,A2D

Obligada. Si 26...,AxPT?; 27.DxPA!, DxD; 28.T8R+!, ganando.

27.T6R!!

¡El broche de oro! Una obstrucción de la Dama negra.

27...,PxT; 28.DxPA, Rinden.

Una espléndida partida sobre tema de mate en la octava línea.

Gary Kasparov se anotó de forma brillante la partida vigésimo segunda, tras ir empatado a 10,5 puntos con el entonces aspirante, también soviético, Anatoli Karpov. Con ello, a falta tan sólo de dos partidas por disputarse, le restaba solamente al campeón obtener unas tablas, para lograr revalidar brillantemente el cetro mundial, lo cual consiguió al empatar la vigésimo tercera.

Seguidamente comentaremos someramente esta interesante partida que bien puede decirse que decidió un título mundial de ajedrez.

GAMBITO DE DAMA
***Blancas*: G. KASPAROV (RUSIA)**
***Negras*: A. KARPOV (RUSIA)**

1.P4D, C3AR; 2.P4AD, P3R; 3.C3AR, P4D; 4.C3A, A2R; 5.A5C, P3TR; 6.AxC, AxA; 7.P3R, 0-0; 8.T1A,

En esta posición las blancas tenían también: 8.PxP, 8.D3C, 8.D2A y la jugada que se siguió en la partida.

8...,P3A;

Es inferior 8...,P3CD; 9.PxP, PxP; 10.A3D, A2C; 11.0-0, D2R; 12.T1R, P4A; 13.P4R!, PxPR; 14.CxP, PxP; 15.C5A y las blancas están algo mejor (Geller- Ivkov, Beverwijk, 1965)

9. A3D, C2D!; 10.0-0, PxP; 11.AxP, P4R; 12.P3TR!

Otra idea era: 12.C4R, PxP; 13.CxA+, CxC!; 14.DxP, D2R; 15.D5R, T1R y la ventaja blanca es mínima.

12...,PxP; 13.PxP,

Pese a aislar el peón, las blancas dominan las casillas 5R y 5AD.

Si 13.CxP, podría seguir C4R!

13..., C3C; 14.A3C, A4A; 15.T1R, P4TD; 16. P3T, T1R; 17. TxT+, DxT; 18. D2D, C2D; 19. D4A, A3C; 20. P4TR,

Kasparov intenta forzar la partida y mueve este peón a pesar de debilitar un tanto la estructura de su enroque.

20..., D1D; 21.C4T, P4T;

Para controlar un posible P4CR del blanco.

22.T1R, P4C; 23.C3A,

Jugar 23.C5A simplificaría la defensa del negro mediante CxC.

Ahora este caballo tiene una prometedora colocación en 4R.

23..., D1C; 24.D3R,

Evitando el cambio de Damas que daría más posibilidades de defensa a Karpov.

24..., P5C; 25.C4R, PxP; 26.CxA+, CxC; 27.PxP, C4D; 28.AxC!,

El Caballo estaba muy bien situado en 5D.

28..., PxA; 29.C5R, D1D; 30.D3AR, T3T;

Para seguir a un posible 31.CxA, con TxC, presionando al mismo tiempo el enroque enemigo y no doblando los peones en la columna CR.

No se podía jugar: 30...,DxP? por 31.CxA, PxC; 32.DxP+, seguido de DxT.

31.T1AD, R2T;

Huyendo de los posibles jaques sorpresivos de la octava fila.

32.D3T, T3C; 33.T8A, D3D; 34.D3CR!, P5T; 35.T8TD, D3R; 36.TxP,

Kasparov ya ha obtenido la ventaja de un Peón y sigue presionando a su adversario. Su Caballo en 5R es muy fuerte y prácticamente inexpugnable, sin debilitarse el enroque.

36...,D4A; 37.T7T, T8C+; 38.R2T, T8AD; 39.T7C, T7A; 40.P3A, T7D;

Y en esta posición se aplazó la partida, señalando la mayoría de los maestros presentes y analizadores, que la partida presumiblemente finalizaría en tablas, porque no se veía ninguna línea concluyente que pudiera dar el triunfo a las blancas.

Pero con su jugada secreta, fuerte movimiento de Caballo, Kasparov demostró el porqué es el campeón mundial de ajedrez.

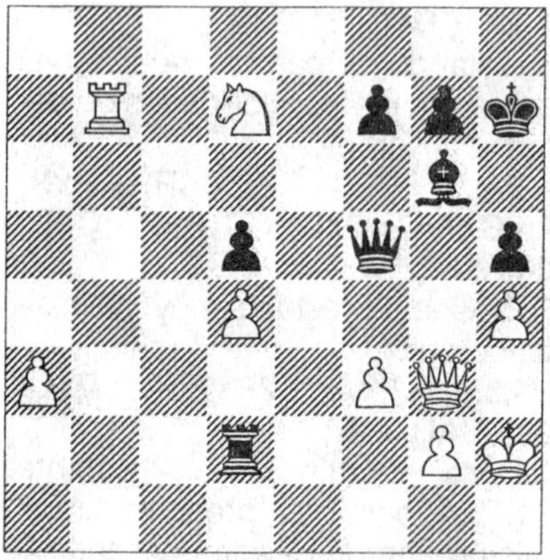

Fig. 192. Posición después de la jugada 41.C7D!!

41.C7D!!, TxP; 42.C8A+, R3T;

No parece buena 42...,R1T por 43.T8C!.

43.T4C!, T5AD; 44.TxT, PxT; 45. D6D!,

Amenazando 46.D2D+, ganando.

45...,P6A

Para evitar dicha amenaza.

46.D4D!!, Abandonan.

No hay defensa satisfactoria ya que si:

46...,A2T; 47.DxP, P4C; 48.D3R! o bien

46...,A2T; 47.DxP, D5A+; 48.P3C!

Si 47...,P3C; 48.D8T, D5A+ 49.P3C, D7D+; 50.R3T, venciendo.

Una bonita partida del hasta 1993 campeón mundial Gary Kasparov.

PREMIO DE BELLEZA

Con motivo de las fiestas de San José, 19 de marzo, tuvo efecto en 1957 en la hermosa ciudad italiana de La Spezia, un interesante Congreso ajedrecístico, con la participación de jugadores de distintos países: Francia, Yugoslavia, Malta, Italia y España.

El joven jugador canario-catalán L. Ponce-Sala asumió la representación hispana, siendo su actuación muy elogiada, resaltándose su notable combatividad, que le llevó a no hacer un solo empate sobre el total de los encuentros disputados entre el Torneo Principal y uno «relámpago» con la exclusiva intervención de los maestros extranjeros.

La clasificación final del Torneo Principal arrojó el siguiente orden de colocación:

1º Boscovic (Yugoslavia), 8,5-0,5
2º Karanjac (Yugoslavia), 7-2
3º L.Ponce-Sala (España), 6-3
4º Fricker (Francia), 5,5- 3,5
5º Teanni (Italia), 5-4
6º-7º Attatd (Malta) y Vaselli (Italia), 3,5- 5,5
8º Tamburini (Italia), 3-6
9º Giaume (Italia), 2-7
10º Giannoni (Italia), 2-7

Ahora toca el turno a una partida del jugador español L. Ponce-Sala, quien se apuntó un auténtico «chef d'oeuvre» frente al representante francés, J. Fricker obteniendo con dicha partida el «Premio de Belleza».

La partida tiene aspectos teóricos de sumo interés y el jugador barcelonés hace gala tanto de preparación como de sutil ingenio. El lector lo podrá comprobar personalmente.

DEFENSA VARIANTE
Variante Winawer
La Spezia, 12-3-57
***Blancas*: L. PONCE-SALA** (España)
***Negras*: J. FRICKER** (Francia)

1.P4R, P3R; 2.P4D, P4D; 3.C3AD, A5C

Esta jugada da nombre a la Variante Winawer.

4.P5R, P4AD; 5.P3TD, AxC+; 6.PxA, C2R; 7.D4C, C4A; 8.A3D, P4TR

Riesgo excesivo. El enroque se imponía de inmediato.

9.D2R,

Más practicada es 9.D3T, de Alekhine, como se empleó en el encuentro Tal-Petrossian, del Campeonato ruso.

9..., PxP; 10.AxC, PxA; 11.PxP. D2A; 12.D2D!,

Los cuadros negros constituyen una obsesionante amenaza para el representante francés y el movimiento textual tiende a especular con tal circunstancia.

12...,C3AD; 13.P4TD, A3R; 14.C3A, D4T; 15.0-0,

A considerar era también 15.P3A, aunque D3T habría molestado al enroque blanco.

15..., DxD; 16.AxD, P3CD; 17.TR1C, R2D;

El enroque ofrecía muy pocas garantías de seguridad.

18.P5TD, TD-1CD; 19.PxP, PxP; 20.T5CD, T2C; 21.P4A!, C2T; 22. TxC!,

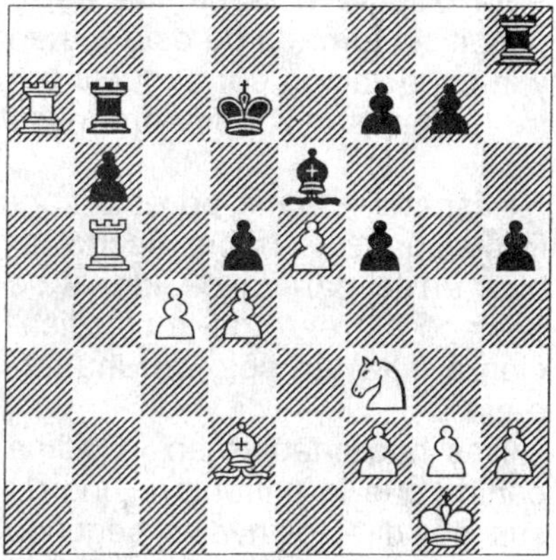

Fig. 193. Posición después de la jugada 22.TxC!

La continuación muestra claramente que las blancas tenían prevista la combinación en sus más pequeños detalles.

22...,TxT; 23.PxP, T8T+; 24.A1R, P4C; 25.PxA+,

Ponce-Sala considera más natural 25.R1A, P5C;26.C5C.

25...,R3A; 26.PxP!, P5C;

26...,RxT no resolvía nada a causa de 27.P6R, P5C: 28.P7R, PxC; 29.P8R=D+, ganando.

27.P6R!, R3D; 28.T5R, R2R; 29.C4TR, R3A; 30.P3C, P4C; 31.R2C, TxA; 32.TxT, P5CD; 33.CxP, P6C; 34.P7R, RxPA; 35.C6D+, y las negras abandonan.

La fuerza de los peones pasados, muy hábilmente manejados, decidió rápidamente la lucha.

(Comentarios del M. I. Francisco J. Pérez, el día 4 de abril de 1957, en *El Noticiero Universal*)

SUPERTORNEO MUNDIAL DE AJEDREZ GRAN CANARIA 96

Se disputó esta partida en la penúltima jornada de este torneo y la expectación por el duelo entre Kasparov y Karpov era inusitada.

Kasparov venció en esta confrontación, tras haber hecho tablas en la partida de ida, y se destacó al frente de la clasificación a falta tan sólo de una jornada.

Tras hacer tablas en la última partida que le enfrentó a uno de sus más directos rivales, segundo clasificado, el indio Viswanathan Anand, Kasparov se aseguró el triunfo final en este campeonato que reunió a los seis mejores jugadores del «ranking» mundial.

La clasificación final quedó de la siguiente forma:

1º Kasparov, 6,5 puntos

2º Anand, 5,5 puntos

3º-4º Topalov y Krammik, 5,5 puntos

5º-6º Ivanchuk y Karpov, 4 puntos

Veamos el desarrollo de la partida que enfrentó a los dos campeones mundiales.

DEFENSA NIMZOINDIA
Variante Capablanca
Blancas: **G. Kasparov**
Negras: **A. Karpov**

1.P4D, C3AR; 2.P4AD, P3R; 3.C3AD, A5C;

Esta jugada es la que da el nombre a esta apertura del Peón de Dama.

El creador de la misma fue el gran maestro Aaron Nimzowitsch que fue un aspirante para el título mundial en los últimos años del 1920 y primeros de 1930.

4. D2A,

Esta línea segura, favorita y muy empleada por el campeón mundial, el cubano José Raúl Capablanca, tiene la idea de evitar doblar los peones en la columna AD, mediante la toma del Alfil de las negras con la Dama, después del consabido AxC.

La idea de las blancas de obtener la pareja de alfiles sin permitir el doblamiento de sus peones AD, es realmente bueno, pero tiene la desventaja de jugar repetidamente la misma pieza, la Dama, con la consabida pérdida de tiempos.

Otras líneas muy jugables son:

a) 4.P3TD (Variante Samisch), AxC+ 5.PxC, 0-0; 6.P3R, P4A; A3D, C3A; 8.C2R, P3CD; 9.P4R, C1R!.
b) 4.P3R, P3CD; 5.A3D, A2C; 6.C3A, C5R; 7.0-0¡, AxC; 8.PxA, P4AR; 9.P5D!, C4A;10.A3T, C1-3T; 11.A2A,0-0 (Gligoric- Cafferty, Teeside 1972).
c) 4.P3R, P4AD (Variante Hübner); 5.A3D, C3A; 6.C3A,

AxC+; 7.PxA, P3D; 8.P4R, P4R; 9.PxPA, PxP; 10.D2A, A3R!; 11.C2D, C4TD (Gligoric).

4..., 0-0; 5.P3TD,

Pidiendo rápidas explicaciones a la incursión del Alfil.

5..., AxC+;

Si 5...,A2R las blancas podían jugar 6.P4R!, con un buen juego.

6.DxA,

La idea primordial del blanco al jugar 4.D2A, retomar con la Dama y no doblar peones.

6...,P3CD; 7.A5C, A2C; 8.P3R, P3D; 9.P3A, CD2D;10.C3T,

Habitualmente se juega 10.A3D y se desarrolla el Caballo por vía de 2R.

10...,P4A; 11.PxP, PCxP; 12.A2R, D3C; 13.0-0, P4D; 14.TD-1D, A3A; 15.C2A, P3TR; 16.A4T, A5T; 17.T2D, A6C;

Bloqueando con el Alfil el flanco de Dama.

18.C4C, CxC; 19.PxC, TD-1C; 20.P5C, PxP; 21.AxP, T2C; 22.A7R, T1R; 23.A4T, C1A; 24.A3C, T1D; 25.A4T, T1-2D; 26.PxP, TxP; 27.P4R, TxT; 28.DxT, A5T;

Es interesante también 28...,T2D amenazando la Dama y dominando la columna de Dama.

29.A5T, A1R;

Mejor parecía 29...P4R.

30.A2A, D4C; 31.D8D, A3A; 32.A3C, T2D;

Buena era la idea de jugar 32...,D3C; 33.DxD, PxD y la ventaja del blanco sería mínima.

También resultaba interesante jugar 32...,P5A; 33.A6D, DxA; 34.DxC+, R2T; 35.T3A, P6A!; 36.T3T, DxT!; 37.PxD, PxP, ganando.

33.D8R,

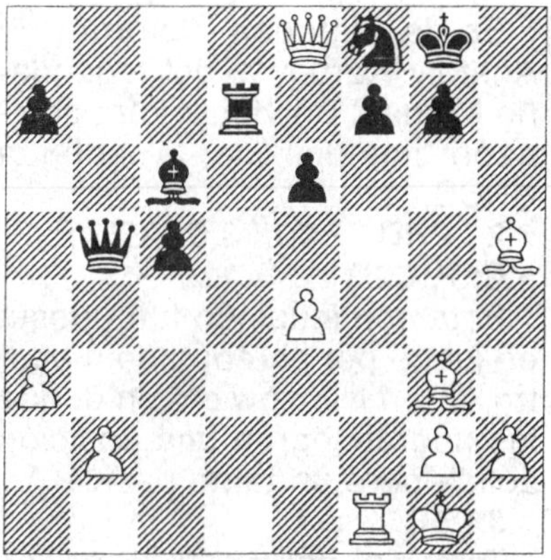

Fig. 194. Posición después de la jugada 33.D8R.

33...,DxT+; 34.RxD, T8D+; 35.AxT, AxD; 36.A2A, A4C+; 37.A2R, AxA+; 38.RxA, C2D;

El juego ya resulta favorable a Kasparov.

39.R3D, P3T; 40.A1C!, P4A; 41.PxP, PxP; 42.R4A, C4R+; 43.RxP, C6D+;

Ahora se ve la idea de jugar 40.A1C!, evitando un posible doble del Caballo enemigo.

44. R6C, Abandonan.

Nueva York, 11-5-97
Sexta partida
***Blancas*: «Deep Blue» (IBM)**
***Negras*: Gary Kasparov (Rusia)**
Defensa Caro-Kann

1. P4R, P3AD

El campeón mundial ha escogido la defensa Caro-Kann la cual se debe al maestro vienés M. Kann y la recomendó después, en 1886, H. Caro de Berlín, resultando de la unión de ambos nombres la denominación de Defensa Caro-Kann, con la que se la conoce en nuestros días.

Es la defensa favorita de Anatoly Karpov y del legendario Mikhael Botvinnik, otro campeón mundial de la antigua URSS.

2. PHD, P4D; 3.C3AD, PxP; 4.CxP, C2D

Esta continuación fue puesta en juego por el reputado maestro Aaron Nimzowich, en donde las negras logran una posición sólida pero un tanto pasiva.

5.C5C

También se juega: 5.A4AD, CR3A; 6.C5C, C4D; 7.D2R, C2-3C; 8.A3C, P3TR' 9.C5C-3A, P4TD Tal-Benko (Amsterdam, 1964)

O bien: 5.CR3A, CR3A; 6.C3C,

Otra línea muy interesante y jugada resulta ser: 6.CxC+, CxC'; 7.C5R, A4A; 8.P3AD, P3R!; 9.P4CR, A3C; 10.P4TR, A3D!; 11.D2R, P4A!; 12.P5T, A4R; 13.P3A, PxP!; 14.D5C+, C2D Karpov-Saitzev (Cpto. de la URSS, 1970)

P3R; 7.A3D, A2R; 8.0-0, 0-0; 9.D2R, P4A; 10.T1D,D2A; 11.P4A!, T1D; 12.A2A, C1A Bouwmeester-Flohr (Beverwijk, 1960)

5...,CR3A; 6.A3D, P3R;7.C1-3A

También se ha jugado en esta posición: 7.P4AR, P3TR; 8.C5-3A, P4AD; 9.P3A, PxP; 10.PxP, A5C=

7...,P3TR; 8.CxP.!?

Este sacrificio de la computadora sorprendió a todos los asistentes, incluso a Kasparov. Es una línea muy difícil de jugar, y por lo tanto, muy poco practicada.

Otra idea es: 8.C4R, CxC; 9.AxC, C3A; 10.A3D, A2R=

8...D2R

Si 8...PxC; 9. A6C+, etc.

9.0-0, PxC

Naturalmente no servía 9...DxC? por 10.T1R!, ganando la Dama y la partida.

10.A6C+, R1D

Obligada. Con esta jugada las blancas desenrocan al contrario y ponen al rey en una difícil posición central.

11.A4A,

Dominando la diagonal negra con el poderoso Alfil.

11...,P4C

Para poder desarrollar su flanco de Dama y dar salida a su Alfil prisionero.

12. P4TD!, A2C

«Deep Blue» tras destrozar materialmente el flanco de Rey abre ahora su fuego sobre el ala de Dama.

13.T1R,

Dominando la columna abierta de Rey y maniatando un poco más a su adversario.

13...C4D; 14.A3C

No se puede permitirse el cambio del Caballo por el Alfil que domina las casillas negras a distancia.

14...R1A

Triste peregrinación del monarca negro que intenta alejarse del centro del tablero, dominado por su rival.

15.PxP, PxP; 16.D3D, A3A

Defendiendo el peón de la columna CD.

Obsérvese que la negras han quedado bloqueadas en el flanco del Rey y su Torre y Alfil no tienen movilidad.

17. A5A!

La puntilla,

17...,PxA?

Kasparov se deja la Dama.

¿Error o desesperación del campeón mundial?

Fig. 195. Posición después de la jugada 17.A5A!

18.TxD, AxT

En esta posición las negras tienen una Torre, Alfil y Caballo por la Dama y un Peón de las blancas.

Posiblemente eso es lo que pensó el campeón cuando sacrificó su dama.

19.P4A!, rinden

El golpe de gracia. Y en esta posición el campeón mundial abandonó la sala haciendo ademanes de desesperación.

¡La máquina había derrotado al ser humano!

El estudio o final artístico

Vamos a adentrarnos ahora en otro mundo.

Fuera de la faceta normal del final de partida, existe también el estudio o final artístico, obra de verdaderos especialistas en la materia y que, algunos de ellos, son verdaderas obras de arte.

El autor de este libro también se enamoró de esa modalidad de juego cuando un buen día, mejor dicho una soleada mañana, en el local social del Club de Ajedrez Barcelona, decano de los clubs españoles ya que fue fundado en el año 1921, el maestro español en esa especialidad, Francisco Vivas Font, me enseñó algunos de sus ensayos, estudios y posiciones preparatorias para alguna de sus ingeniosas obras y, a partir de ese momento, caló en mí muy profundamente y llegué a participar incluso en certámenes internacionales, llegando a ganar importantes premios.

Para rematar la faena el reconocido y llorado compositor español, José Mandil Pujadó, de fama mundial y socio también de la misma entidad ajedrecista, acabó de enseñarme las pequeñas triquiñuelas que debían conocerse para poder sobresalir en tan difícil como apasionante faceta. A los dos, Vivas Font y Mandil Pujadó, mi más sincera gratitud por los grandes momentos que me han hecho vivir y soñar.

Algunos de estos estudios han servido incluso a la teoría para saber a ciencia cierta y con exactitud si algún tipo de final de partida determinado se ganaba o no y ha dado normas a seguir para la consecución del triunfo.

Esta especie de finales preparados son, en esencia, verdaderas composiciones artísticas, por lo que también se conoce a esta nueva faceta del ajedrez (nueva para los que se inician en el juego, ya que se conocen finales antiquísimos, obra de los árabes, principalmente de Stamma), con el nombre de finales artísticos.

Muchos son los compositores de estudios en todo el mundo, pero para no hacer muy extensiva la lista, enumeremos los más nombrados o conocidos internacionalmente:

H. Berger (Alemania); F. Stamma (Arabia); L. W. Cámara, J. Mugnos y C. A. Peronace (Argentina); R. Missiaen (Bélgica); G. Popov (Bulgaria); J. T. Mangini (Brasil); F. Dedrele, A. Mandler. J. Pospisil, F. Richter, K. Skalicka y M. Maryscko (Checoslovaquia); H. M. Lommer, J. Mandil Pujadó, E. Oñate, L. Ponce-Sala, S. Saavedra y F. Vivas Font (España); R. Burger y V. L. Eaton (Estados Unidos); A. Cherón, V. Halberstadt, F. Lazard, F. A. D. Philidor (Francia); V. Kivi (Finlandia); H. Cohn (Guatemala); C. F. de Feitjer (Holanda); L. Janos, A. Laszo y C. Zoltan (Hungría); H. Aloni (Israel); B. Horwitz, A. J. Roycrof y H. Mattison (Inglaterra); R. Bianchetti, L. Centurini, G. Lolli, L. Ponziani, G. C. Polerio, Del Río, P. Rossi y A. Salvio (Italia); M. Costa (Portugal); P. Farago (Rumania); F. Bondarenko, M. Botwinnik, N. Grigoriev, A. Kakovín, G. Kasparian, A. Kazancev, A. Kuznecov, K. L. Kubbel, P. Keres, Mitranov, V. Platov, S. Tolstoi y A. Troitzky (Rusia); S. Isenegger (Suiza); A. Akerblom (Suecia) y N. P. Petrovic (Yugoslavia).

Ahora insertaremos una pequeña selección de finales artísticos que creemos gustarán a los aficionados ajedrecistas.

E. L. POGOSJANTS

1º Mención de Honor
Spartak, 1973

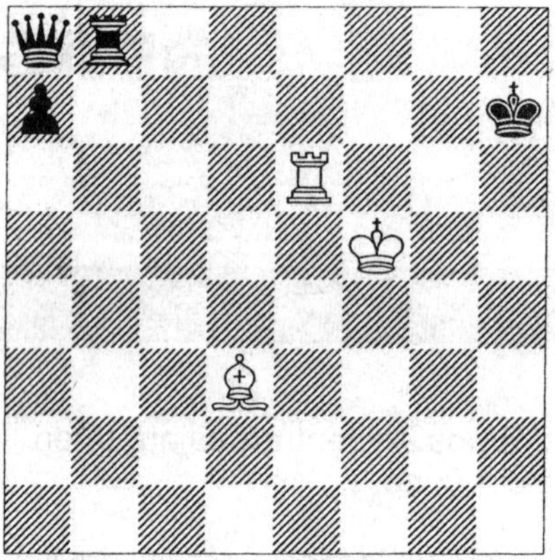

Fig. 196. Tablas !!

Solución:

1.A4R!, T2C; 2.R5R+, R1T; 3.T6TR+, R1C; 4.T6C+, R1A; 5.T6A+, R2R; 6.T6R+, R1D; 7.T6D+, R1A; 8.T6A+, R1C; 9.T6R, R2A; 10.T6A+, y tablas.

L. PROKES

Shakhmaty (Rusia), 1937

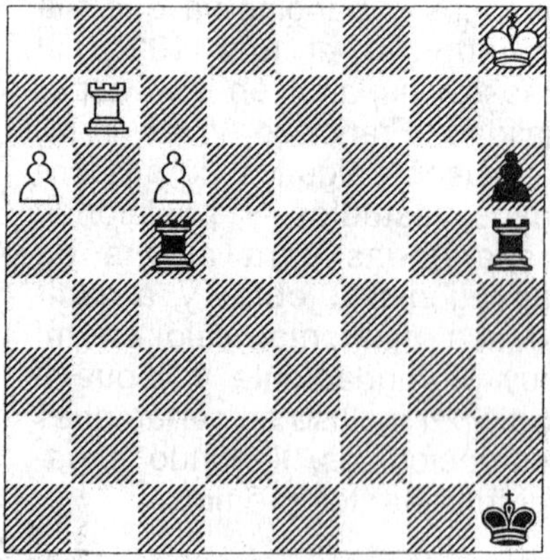

Fig. 197. Blancas juegan y ganan.

Solución:
1.P7T!, T4T; 2.P7A, T4-4AD; 3.T5C!, y ganan.

Z. KAHAN
Torneo de Israel Ring, 1963

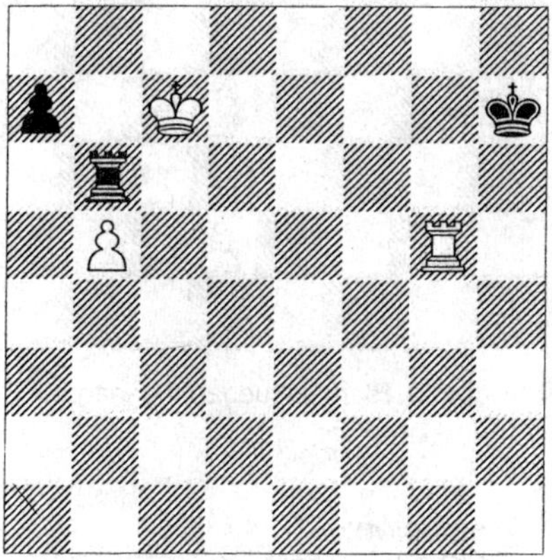

Fig. 198. Blancas juegan y ganan.

Solución:
1.T5D, R2C; 2.T7D+, R1A; 3.T8D+, R2R; 4.T8CD, T3D; 5.T8TD, T4D; 6.TxP, TxP; 7.R6A+!, y ganan.

G. M. KASPARYAN
Sovyetskaya Rossiya, 1972

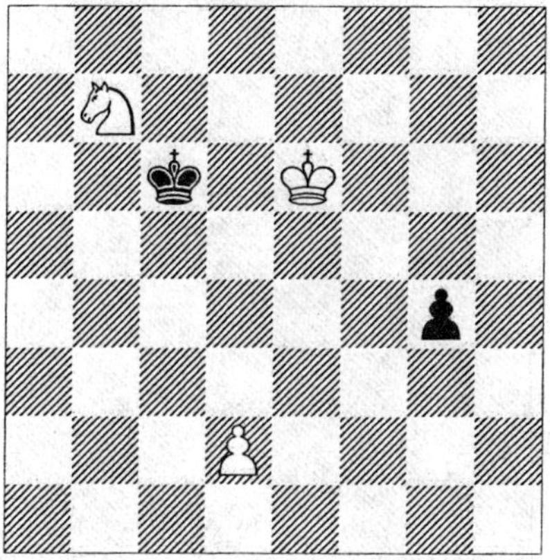

Fig. 199. Blancas juegan y ganan.

Solución:
1.C8D+, R4A; 2.R5R, P6C; 3.C6R+, R5A; 4.C4A, P7C; 5.P3D+, R6A; 6.R4R, P8C=C; 7.R3R!, y ganan.

B. MILOSHESKI y Z. MIKHAILOSKI
II Solidarity Tny, Skopje, 1972

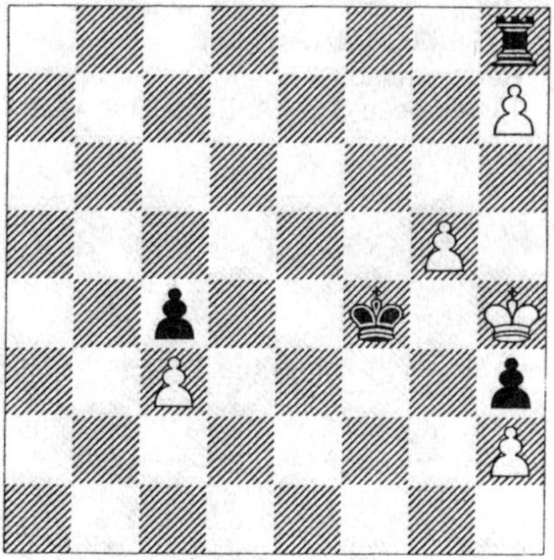

Fig. 200. Blancas juegan y ganan.

Solución:
1.P6C, R4A: 2.R5T, R3A; 3.R6T, T1R; 4.P7C, T5R; 5.P8C=C+, R2A; 6.C6A, y ganan.

D. PETROV
3º Premio. Krasnoye Znamya, 1971

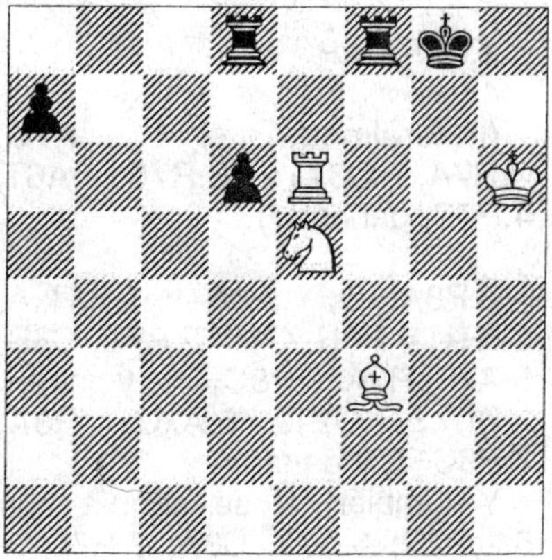

Fig. 201. Blancas juegan y ganan.

Solución:

1.T6C+, R1T; 2.T8C+!, RxT; 3.A5D+, T2A; 4.CxT, T1R; 5.C5R+!, R1A; 6.C6C++.

JOSÉ MANDIL (España)
Recomendado
Torneo de la S.E.P.A. Barcelona, 1943

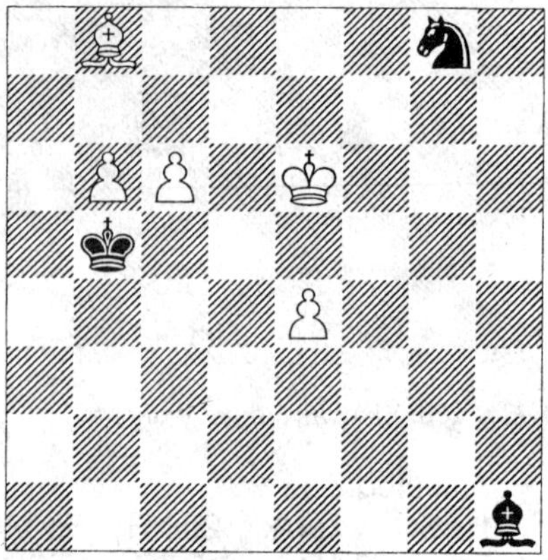

Fig. 202. Blancas juegan y ganan.

Solución:

1.P7A, AxP

(naturalmente, si 1..., A7C; 2.R7A, C3T+; 3.R7C, A6T; 4.P7C, ganando)

2.P8A!=D, A4A+!; 3.RxA, C2R+; 4.R6R, CxD; 5.P7C, C3D; 6.AxC, R3A; 7.P8C=C+, y ganan.

Si 5...,C2T; 6.AxC, R3A; 7.P8C=T, y ganan.

Y también si se seguía con 5...,C2R; 6.A7T, C3A; 7.R7D, y ganan.

JOSE MANDIL (España)

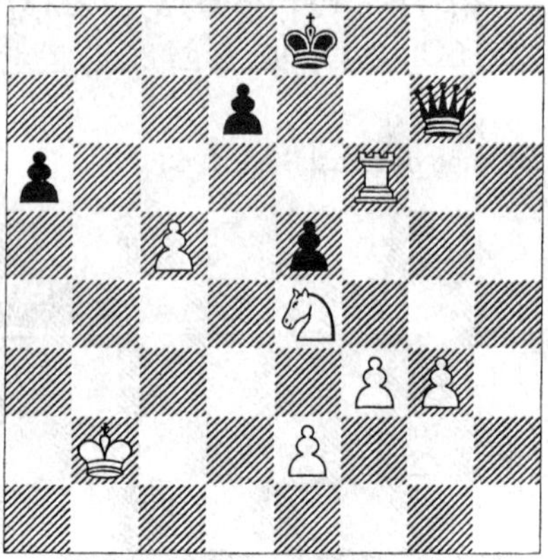

Fig. 203. Blancas juegan y ganan.

Solución:

1.C6D+, R1D; 2.T6T!, P5R+; 3.R1C, PxP; 4.PxP, D6A; 5.T8T+, R2R

(Si 5..., DxT; 6.C7A+, ganando)

(Si 5...,R2A; 6.T8A++)

6.T8R+, R3A; 7.C4R+, ganando.

L. PONCE- SALA (España)
Recomendado
L'Italia Scacchística, 1956

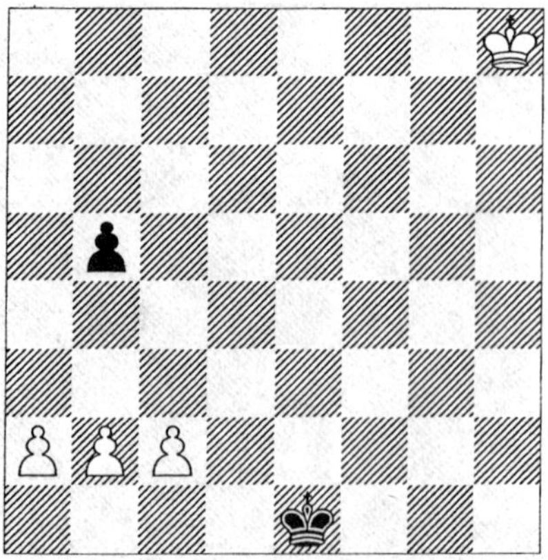

Fig. 204. Blancas juegan y ganan

Solución:

1.P3TD!, R7D; 2.P3C, RxP; 3.P4TD, P5C; 4.P5T, RxP; 5.P6T, R7A; 6.P7T, P6C; 7.P8T=D y ganan.

No servía: 1.P4T?, PxP; 2.P4A, R7D; 3.P5A, R7A; 4.P6A, RxP; 5.P7A, P6T; 6.P8A=D, P7T y tablas.

Tampoco era bueno: 1.P4A?, PxP; 2.P4T, R7D; 3.P5T, R7A; 4.P6T, RxP; 5.P7T, P6A; 6.P8T=D, P7A y tablas.

L. PONCE- SALA (España)

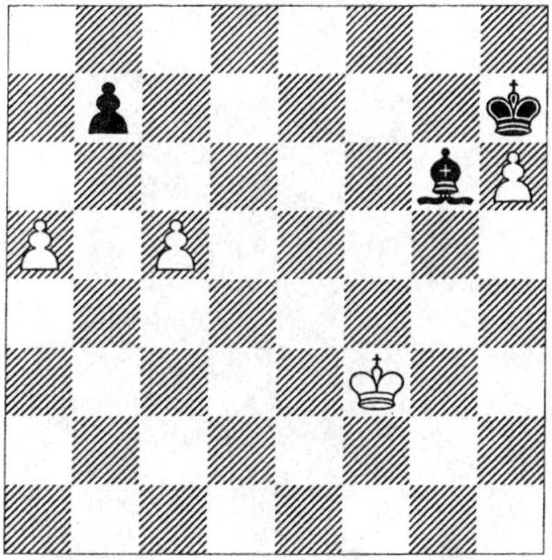

Fig. 205. Blancas juegan y ganan.

Solución:

1.P6A!, A1R

(Si 1....,PxP 2.P6T, A2A; 3.R4R, A4D+; 4.R4D, A7C; 5.R5A, ganando)

2.P7A, A2D; 3.R4R, RxP; 4.R5D, R4C; 5.R6D, A6T; 6.R7R, ganando.

L. PONCE-SALA (España)
4º Mención de Honor
L'Italia Scacchística, 1955

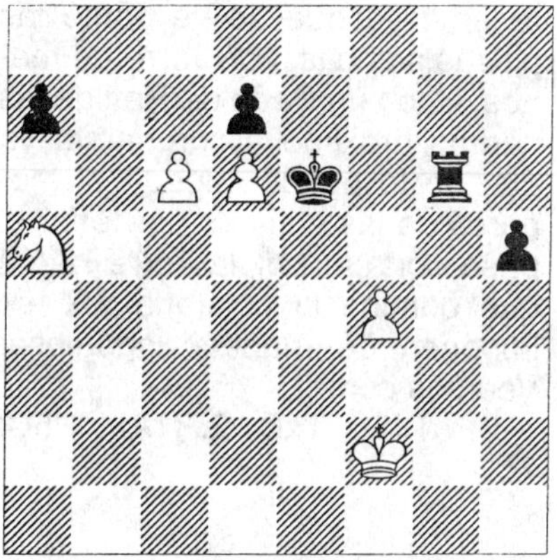

Fig. 206. Blancas juegan y ganan.

Solución:

1.P5A+!, RxP;2.P7A, T1C; 3.C6A!, R3R

(Sí 3...,PxC 4.P7D, ganando)

4.C8D+, RxP; 5.P8A=D, R2R; 6.C6A+, ganando.

F. VIVAS FONT (España)
2º Recomendado
Ajedrez Argentino, 1951

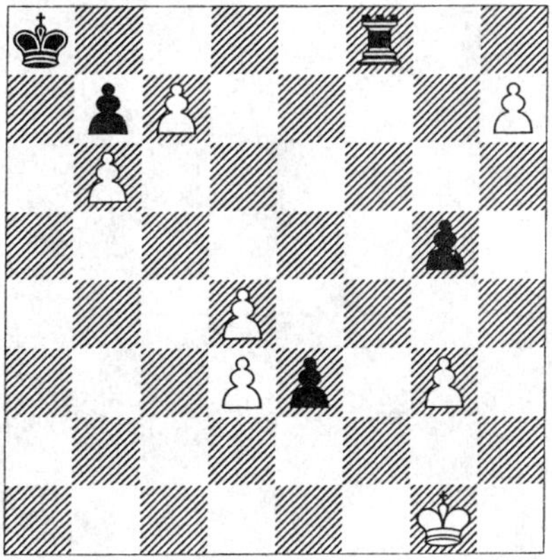

Fig. 207. Blancas juegan y ganan.

Solución:

Este final artístico, obra del español F. Vivas Font, es muy interesante ya que se ve cómo las piezas blancas, con Torre de menos, y con un Peón de Rey de las negras próximo a coronarse, ya que no lo puede impedir el monarca de las blancas por tener el paso cortado por la Torre negra que domina la columna AR, se imponen de manera ingeniosa. Veamos cómo.

1.P8T=D¡, TxD; 2.R1A!¡, P5C; 3.P5D!, P7R+; 4.RxP, T1R+; 5.R2D, T7R+; 6.R3A, T7A+; 7.R4D, T5A+; 8.R5R, T5R+; 9.R6D, T3R+; 10.R5A, T1R; 11.P4D, Torre juega; 12.R4A, Torre juega; 13.P6D y ganan.

Y con este estudio ponemos punto final a esta fase que creemos habrá sido de interés para el aficionado lector.

El problema de ajedrez

No conviene extendernos en este tema, pero quería incluirlo en este libro para que no faltara en él ningún elemento que tuviera que ver con este noble juego.

Muy por encima, vamos a indicar lo que se conoce en el mundo ajedrecista como problema de ajedrez.

Diremos que es una combinación de piezas que han sido dispuestas, colocadas en sus casillas exactas por los maestros compositores, para dar jaque mate al Rey negro, generalmente, en un número determinado de jugadas.

Hay mates en dos, tres, cuatro, cinco, seis, siete, ocho y más jugadas, pero los más corrientes son los dos primeros enunciados, es decir, los de mates en dos o tres jugadas.

Pondremos algunos de esos problemas, pero antes vamos a enumerar los nombres de los más conocidos problemistas internacionales.

Veamos, pues esta lista:

K. Fabel y M. Otto (Alemania); A. Ellerman, H . L. Musante, J. C. Morra, P. Fastosky (Argentina); L. Fontaine (Bélgica); N. Dimitrov, P. A. Petkow y K. Stoyanov (Bulgaria); J. Hasek, A. Mandler, M. Maryscko y V. Pachman (Checoslovaquia); N. Guttman y M. Hassberg (Estados Unidos); C. Céneca, R. Diot y A. Doré (Francia); C. Linden (Holanda); P. Farago (Hungría); C. Mansfield, A. J. Roycroft, M. Lipton (Inglaterra); A. Piatesi, O. Stocchi, A. Carrá, S. Pirrone, A. Chicco (Italia); V. Nestorescu y N. Petruscu (Rumania); N. Mansurov, V. Rudenko, L. Zagorujko, S.Tolstoi, V. Bron, M. Havel, A.Kalininvic (Yugoslavia); J. Zaldo, J. Paluzíe, V. Marín, J. Tolosa, E. Puig y Puig, F. Novejarque, A. F.Arguelles, E. Boxó, J. Peris, E. Puig Ambrós, E. Petite, J .García Llamas, R. Candela, F. Salazar y L. Ponce-Sala (España).

Veamos ahora esta pequeña selección de problemas de ajedrez.

F. NOVEJARQUE (España)

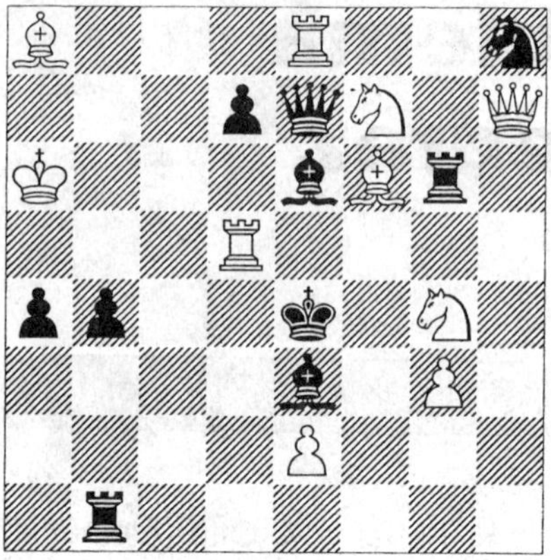

Fig. 208. Blancas juegan y dan mate en dos.

Solución:

1.A2C! (jugada clave), amenaza 2.T5R++.

Si 1...,AxT+; 2.C6D++.

Si 1...,AxC+; 2.C6A++.

J. PERIS (España)

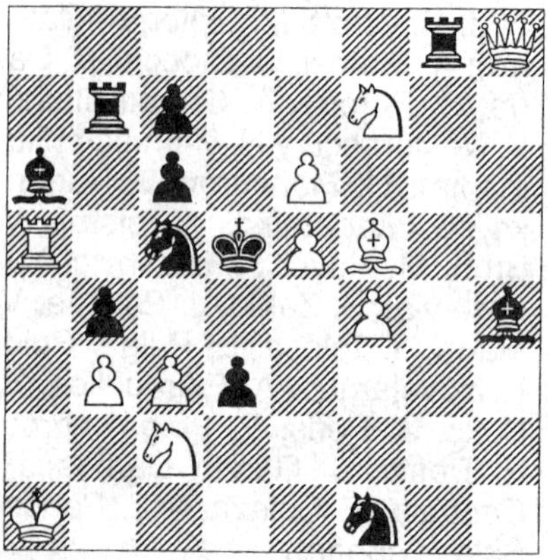

Fig. 209. Blancas juegan y dan mate en dos.

Solución:

1.C5C (jugada clave), amenaza 2.A4R++.

Si 1...,A4C; 2.CxPC++

Si 1...,T4C; 2.P4A++

J. DALEY

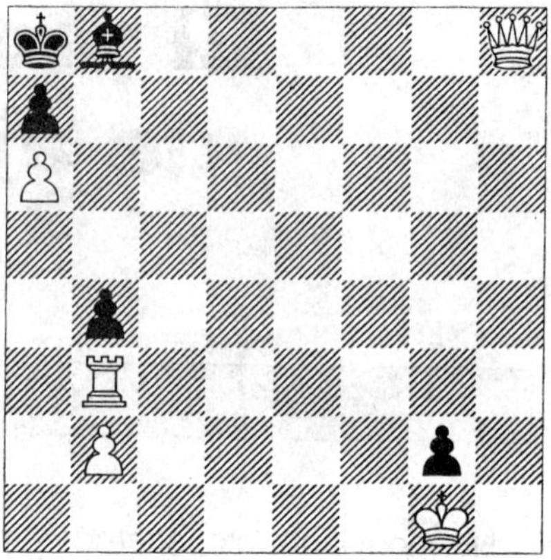

Fig. 210. Blancas juegan y dan mate en tres.

Solución: 1.T3TR, P6C; 2.T1T, PxT=C,D,A; 3.DxC, D o A++

J. J. RIETVELD

Fig. 211. Blancas juegan y dan mate en dos.

Solución:

1C7R (jugada clave), amenaza 2D5A++

Si 1...,CxA+; 2.C6AD++.

Si 1...,C2A+; 2.A6C++.

Si 1...,C4A+; 2.A6AR++.

V. C. WIEDENHOFF
1º y 2º Premio ex-aequo
Le Courrier des Echecs
1980- 81

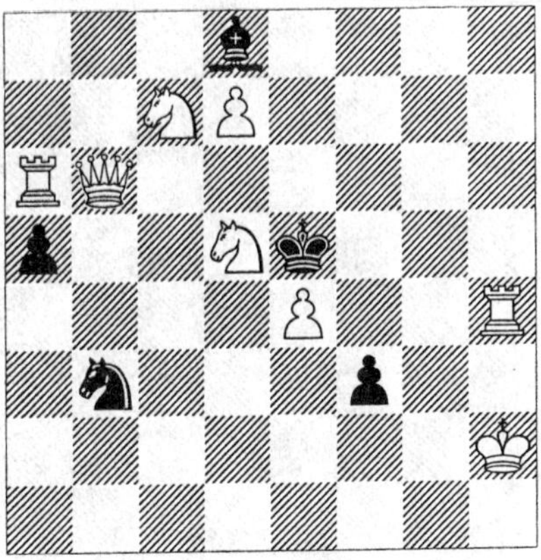

Fig. 212. Blancas juegan y dan mate en dos.

Solución:
1.D3R (jugada clave)

E. PETITE (España)
Recomendado
Canadian Chess Chat 1980

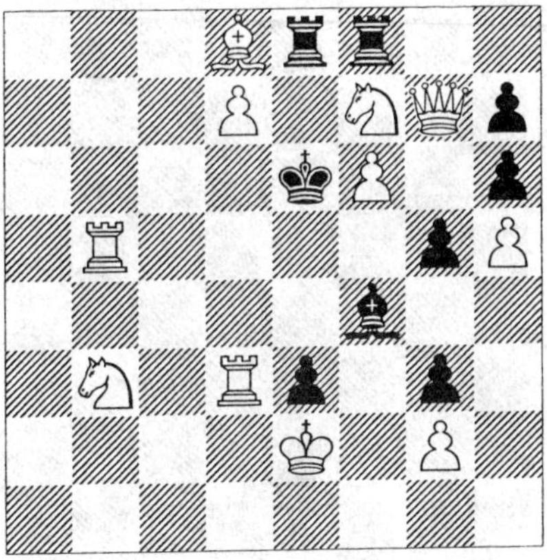

Fig. 214. Blancas juegan y dan mate en dos.

Solución:
1.C6D (jugada clave)

C. SYDENHAM
1º Premio
Due Alfieri 1980-81

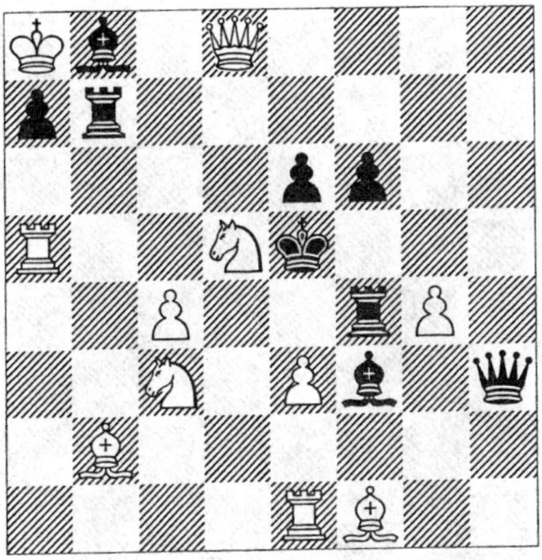

Fig. 213. Blancas juegan y dan mate en dos.

Solución:
1.P4R (jugada clave).

H.HERMANSON
Premio especial
Canadian Chess Chat 1980

Fig. 215. Blancas juegan y dan mate en dos.

Solución:
1.C5C (jugada clave)

C. GROENEVELD
1º Premio
75 Aniversario L. Apró 1982

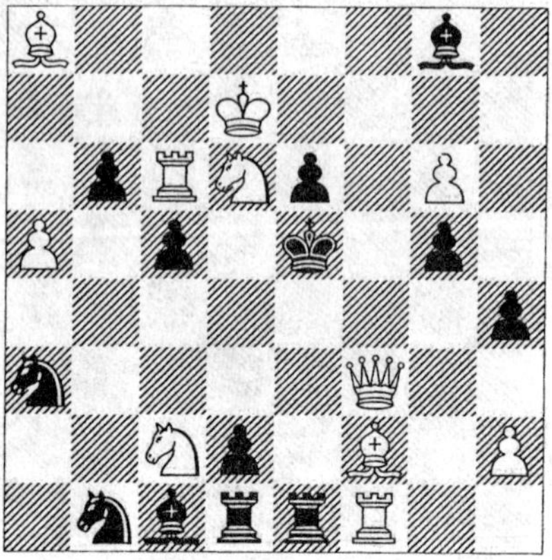

Fig. 216. Blancas juegan y dan mate en dos.

Solución:
1.D5T (jugada clave)

J. BOULIN
1º- 2º Premio ex-aequo
Themes-64 1981

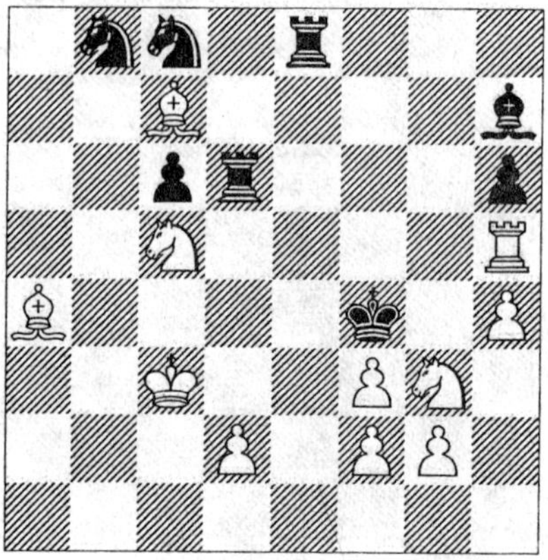

Fig. 217. Blancas juegan y dan mate en tres.

Solución:
1.A2A (jugada clave)

G. BAKCSI
1º-2º Premio ex-aequo
Le Courrier des Echecs
1980-81

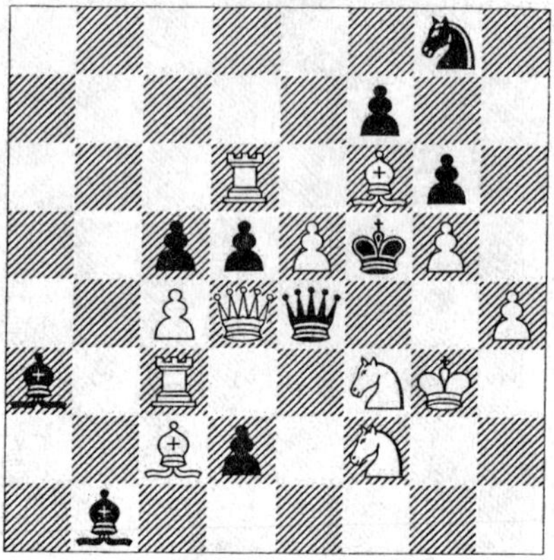

Fig. 218. Blancas juegan y dan mate en dos.

Solución:
1.A4T (jugada clave)

L. PONCE- SALA (España)

Fig. 219. Blancas juegan y dan mate en dos.

Solución:
1.P8R=C! (jugada clave)

L. PONCE- SALA (España)
Más D' Engall (Barcelona)
26-8-1981

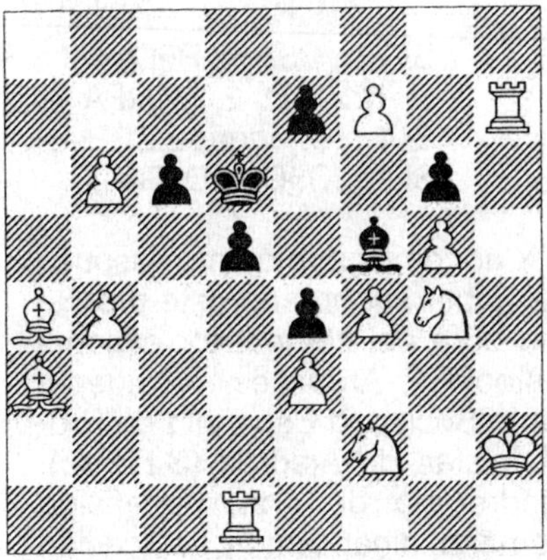

Fig. 220. Blancas juegan y dan mate en dos.

Solución:
1.P8A=C!! (jugada clave)
Si 1...,P4AD; 2. PxP++
Si 1...,P5D; 2. TxPD++
Si 1...,P3R; 2. T7D++
Si 1...,P4R; 2. PxP++
Sí 1...,A1A, A2D, A3R, AxC; 2. CxPºR++.

E. GROSS
Premio
«2º CB/ D.C.E.-I-C»
1984

Fig. 221. Blancas juegan y dan mate en dos.

Solución:
1.T4TR (jugada clave)

J. KISS
Premio Ex-aequo
"2º CB/ D.C.E.-II-A"
1984

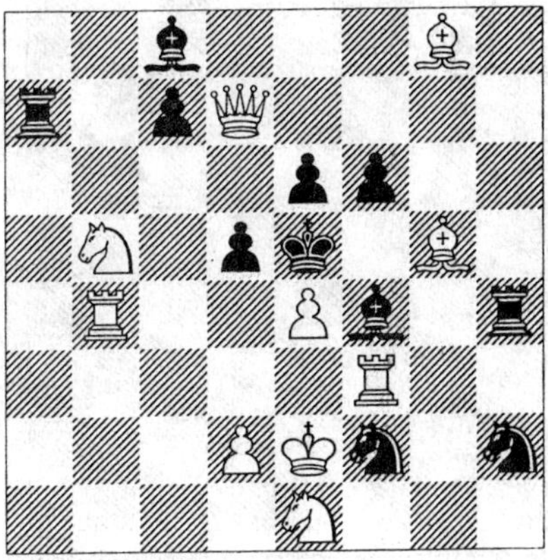

Fig. 222. Blancas juegan y dan mate en dos.

Solución:
1.A7T (jugada clave)

E. PETITE (España)
3º Recomendado
Magyar Sakkelet
1983

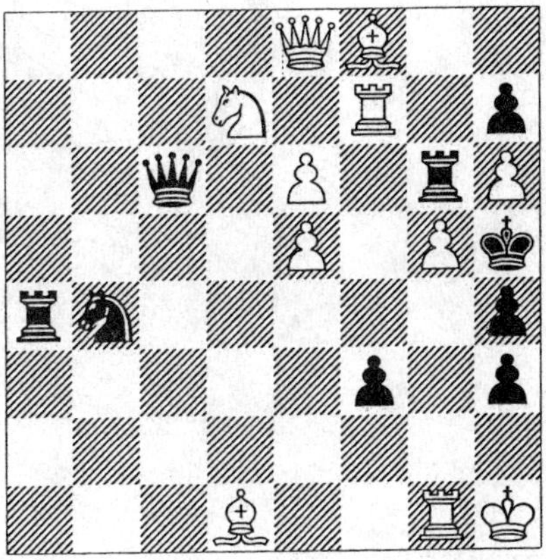

Fig. 223. Blancas juegan y dan mate en dos.

Solución:
1.TxPA (jugada clave)

A. F. ARGÜELLES (España)
L´Echiquier
1930

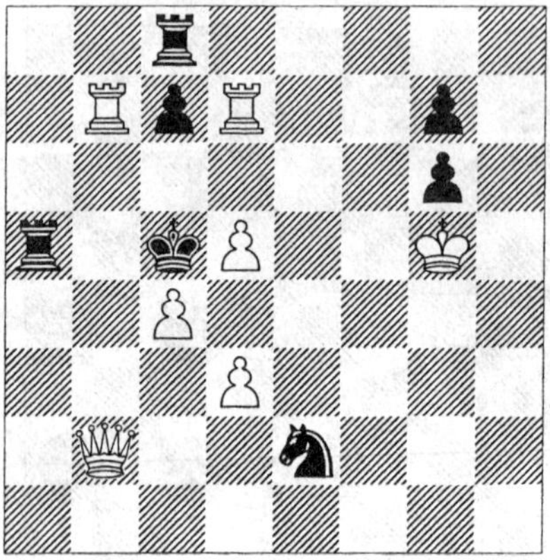

Fig. 224. Blancas juegan y dan mate en dos.

Solución:

1. D5R! (jugada clave)

Si 1..., P3A; 2.P6D++
Si 1...,T1D; 2.T7DxPA++
Si 1...,C juega; 2.D3R++
Si 1...,C5D; 2.D7R++

Y ponemos punto final después de haber saboreado este problema obra del compositor español Antonio F. Argüelles, presidente de la Sociedad Española de Problemistas de Ajedrez (S.E.P.A.), ajedrecista de gran dimensión humana, dinamismo y dedicación al noble juego del ajedrez que, gracias a su tenaz trabajo y colaboración, ha cobrado prestigio nacional e internacional.

Resumen de lo estudiado

Ahora, muy por encima, vamos a hacer un ligero resumen de todo lo que se ha estudiado en los diferentes capítulos:

LA CALIDAD

Ya tenemos bien asumido que una Torre vale más que un Alfil o un Caballo, individualmente. Pero juntas, las dos piezas resultan superiores.

Cuando se pierde una Torre por un Alfil o por un Caballo adversario, se suele decir que se ha perdido la «calidad». Si es al revés, se ha ganado la «calidad».

Por todo lo expuesto es obvio que no debe dejarse una Torre a tiro de un Alfil o de un Caballo.

Si se cambia un Caballo por un Alfil, también suele decirse que hemos ganado la «pequeña calidad». Y si es al revés, que hemos perdido la «pequeña calidad».

Y también debe rehuirse, en lo posible, el cambiar un Alfil por un Caballo.

En todos estos cambios, naturalmente, siempre existen posiciones o motivos que aconsejan hacer el cambio, aun perdiendo momentáneamente la «calidad» o la «pequeña calidad».

COMPONER LAS PIEZAS SOBRE EL TABLERO

Hemos de tener en cuenta que si una pieza o Peón es accidentalmente movido, o está mal colocado sobre el tablero, puede volverse a colocar de forma correcta sobre su propio cuadro de origen.

Pero antes de hacer el correspondiente reajuste, se debe advertir al contrario sobre lo que se va a hacer. Se suele indicar en voz alta diciendo la palabra: «compongo».

Si no se hace esa advertencia previa al adversario, éste puede insistir y hasta obligar a que se mueva la pieza o Peón que se ha tocado indebidamente.

Hay que tener siempre en cuenta de que pieza tocada es pieza jugada. Por lo que es necesario pensar muy bien la jugada que se va a hacer antes de tocar una pieza.

Vale más perder una partida con honra que intentar ganarla haciendo trampas.

LA CONDUCTA CORRECTA DE LOS JUGADORES

Cuando se juega una partida está prohibido utilizar notas manuscritas y menos libros de ajedrez.

No está permitido ninguna clase de análisis en la sala de juego.

Los jugadores han de abstenerse de hacer comentarios sobre la partida que se está jugando.

Está prohibido tocar las piezas o casillas para ayudarse a facilitar los cálculos de una jugada o combinación.

No se puede volver atrás una jugada ya realizada.

La jugada se realiza con estos tres movimientos:

a) primero se coge la pieza,
b) se deja sobre la casilla elegida,
c) y tercero se pulsa la palanca del reloj, para detener el nuestro y hacer funcionar el del adversario.

En el enroque debe moverse primero el Rey y después la Torre, o mejor, simultáneamente.

Cuando se corona un Peón se le ha de sustituir inmediatamente por la pieza que se elija.

Cuando se captura una pieza, ésta se ha de retirar inmediatamente del tablero.

Está prohibido distraer o molestar al contrincante de cualquiera de las maneras posibles.

El jugador debe comportarse correctamente frente al tablero.

EL RELOJ CUENTA-JUGADAS

Toda partida de campeonato o competición se juega con un reloj cuenta-jugadas que sirve para controlar el tiempo de la partida.

Muchas veces suele jugarse a veinte jugadas a la hora, acumulables las dos primeras horas, en partidas de cuatro horas, o sea, cuarenta jugadas en dos horas por jugador.

Otras veces a dieciocho jugadas la hora, en partida de cinco horas, o sea cuarenta y cinco jugadas en dos horas y media por bando.

Es muy importante saber controlar el reloj cuenta-jugadas ya que muchas veces se han perdido partidas por tiempo, es decir, ha caído la banderita del reloj, sin haberse cumplido el número reglamentado y concertado de jugadas por partida.

Otras veces, debido a la premura de tiempo, se han cometido errores garrafales que han llevado a la pérdida de material y, por lo tanto, de la partida.

Ganancia y pérdida de tiempo

Este nuevo apartado tiene una importancia muy grande en toda partida de ajedrez.

Ganar o perder un tiempo, sobre todo en la apertura, o sea, en el inicio de la lucha, es realmente importante y hasta a veces vital.

Debemos saber, primeramente, que se llama tiempo a toda jugada de desarrollo que se realiza.

El jugador que ha perdido menos tiempos en el inicio de la partida, o sea, en plena apertura, puede decirse que está mejor desarrollado. Tiene más piezas en acción y, por lo tanto, una gran ventaja.

Hay que tener en cuenta que existen tres casos típicos de ganancias y pérdidas de tiempos. Y son los siguientes:

a) Si un jugador se defiende de una jugada de ataque sin desarrollo del adversario, con una jugada de desarrollo, se puede decir que ha ganado un tiempo el defensor y que ha perdido otro el atacante.

b) Cuando el contrario coloca una pieza en una casilla y puede ser atacada o amenazada por una jugada de desarrollo, podemos decir que se ha ganado un tiempo, cuando hacemos dicha jugada de desarrollo y que ha perdido un tiempo el jugador al que le es amenazada la pieza.

c) Y, para terminar, diremos que una ganancia o pérdida de tiempo es cuando se realiza un cambio de Peón o pieza y el contrario recupera el material con una jugada de desarrollo.

Para finalizar este apartado pasamos a recordar que se ha de iniciar el juego, sin pérdidas de tiempo, desarrollando y dominando el centro del tablero con los Peones de Rey y Dama a 4R o 4D.

También hay que tener muy en cuenta que los Peones centrales deben estar siempre protegidos por Peones, preferentemente, en lugar de piezas.

Una pieza mal situada sobre el tablero en realidad puede considerarse como no desarrollada.

Hay que especializarse en una o dos buenas aperturas, llevando las piezas blancas, una de Dama y otra de Rey (si se quiere variar y no enquilosarse con una sola) y también elegir y seleccionar alguna buena defensa, contra el PR y otra contra el PD.

De esta manera se puede empezar el juego sin que el adversario le coja a uno ventaja de desarrollo y posición.

Cuadros de rondas

Seguidamente vamos a insertar los diferentes cuadros de rondas que se deben utilizar para realizar una competición de todos contra todos.

Publicaremos los que abarcan desde tres participantes hasta veinte.

Hay que tener en cuenta, no obstante, de que en caso de que el número de jugadores sea impar, no se utiliza la primera columna de cada cuadro; en consecuencia, el jugador que tenga el número de esa columna quedará libre.

El mencionado primero en cada pareja lleva las piezas blancas.

Si el certamen es a dos vueltas, en la segunda se alternan los colores.

Cuadro para tres o cuatro participantes:

1ª Ronda	1-4	2-3
2ª Ronda	4-3	1-2
3ª Ronda	2-4	3-1

Cuadro para cinco y seis participantes:

1ª Ronda	1-6	2-5	3-4
2ª Ronda	6-4	5-3	1-2
3ª Ronda	2-6	3-1	4-5
4º Ronda	6-5	1-4	2-3
5ª Ronda	3-6	4-2	5-1

Cuadro para siete y ocho participantes:

1ª Ronda	1-8	2-7	3-6	4-5
2ª Ronda	8-5	6-4	7-3	1-2
3ª Ronda	2-8	3-1	4-7	5-6
4ª Ronda	8-6	7-5	1-4	2-3
5ª Ronda	3-8	4-2	5-1	6-7
6ª Ronda	8-7	1-6	2-5	3-4
7ª Ronda	4-8	5-3	6-2	7-1

Cuadro para nueve y diez participantes:

1ª Ronda	1-10	2-9	3-8	4-7	5-6
2ª Ronda	10-6	7-5	8-4	9-3	1-2
3ª Ronda	2-10	3-1	4-9	5-8	6-7
4ª Ronda	10-7	8-6	9-5	1-4	2-3
5ª Ronda	3-10	4-2	5-1	6-9	7-8
6ª Ronda	10-8	9-7	1-6	2-5	3-4
7ª Ronda	4-10	5-3	6-2	7-1	8-9
8ª Ronda	10-9	1-8	2-7	3-6	4-5
9ª Ronda	5-10	6-4	7-3	8-2	9-1

Cuadro para once y doce participantes:

1ª Ronda	1-12	2-11	3-10	4-9	5-8	6-7
2ª Ronda	12-7	8-6	9-5	10-4	11-3	1-2
3ª Ronda	2-12	3-1	4-11	5-10	6-9	7-8
4ª Ronda	12-8	9-7	10-6	11-5	1-4	2-3
5ª Ronda	3-12	4-2	5-1	6-11	7-10	8-9
6ª Ronda	12-9	10-8	11-7	1-6	2-5	3-4
7ª Ronda	4-12	5-3	6-2	7-1	8-11	9-10
8ª Ronda	12-10	11-9	1-8	2-7	3-6	4-5
9ª Ronda	5-12	6-4	7-3	8-2	9-1	10-11
10ª Ronda	12-11	1-10	2-9	3-8	4-7	5-6
11ª Ronda	6-12	7-5	8-4	9-3	10-2	11-1

Cuadro para trece y catorce participantes:

1ª Ronda	1-14	2-13	3-12	4-11	5-10	6-9	7-8
2ª Ronda	14-8	9-7	10-6	11-5	12-4	13-3	1-2
3ª Ronda	2-14	3-1	4-13	5-12	6-11	7-10	8-9
4ª Ronda	14-9	10-8	11-7	12-6	13-5	1-4	2-3
5ª Ronda	3-14	4-2	5-1	6-13	7-12	8-11	9-10
6ª Ronda	14-10	11-9	12-8	13-7	1-6	2-5	3-4
7ª Ronda	4-14	5-3	6-2	7-1	8-13	9-12	10-11
8ª Ronda	14-11	12-10	13-9	1-8	2-7	3-6	4-5
9ª Ronda	5-14	6-4	7-3	8-2	9-1	10-13	11-12
10ª Ronda	14-12	13-11	1-10	2-9	3-8	4-7	5-6
11ª Ronda	6-14	7-5	8-4	9-3	10-2	11-1	12-13
12ª Ronda	14-13	1-12	2-11	3-10	4-9	5-8	6-7
13ª Ronda	7-14	8-6	9-5	10-4	11-3	12-2	13-1

Cuadro para quince y dieciséis participantes:

1ª Ronda	1-16	2-15	3-14	4-13	5-12	6-11	7-10	8-9
2ª Ronda	16-9	10-8	11-7	12-6	13-5	14-4	15-3	1-2
3ª Ronda	2-16	3-1	4-15	5-14	6-13	7-12	8-11	9-10
4ª Ronda	16-10	11-9	12-8	13-7	14-6	15-5	1-4	2-3
5ª Ronda	3-16	4-2	5-1	6-15	7-14	8-13	9-12	10-11
6ª Ronda	16-11	12-10	13-9	14-8	15-7	1-6	2-5	3-4
7ª Ronda	4-16	5-3	6-2	7-1	8-15	9-14	10-13	11-12
8ª Ronda	16-12	13-11	14-10	15-9	1-8	2-7	3-6	4-5
9ª Ronda	5-16	6-4	7-3	8-2	9-1	10-15	11-14	12-13
10ª Ronda	16-13	14-12	15-11	1-10	2-9	3-8	4-7	5-6
11ª Ronda	6-16	7-5	8-4	9-3	10-2	11-1	12-15	13-14
12ª Ronda	16-14	15-13	1-12	2-11	3-10	4-9	5-8	6-7
13ª Ronda	7-16	8-6	9-5	10-4	11-3	12-2	13-1	14-15
14ª Ronda	16-15	1-14	2-13	3-12	4-11	5-10	6-9	7-8
15ª Ronda	8-16	9-7	10-6	11-5	12-4	13-3	14-2	15-1

Cuadro para diecisiete y dieciocho participantes:

1ª Ronda	1-18	2-17	3-16	4-15	5-14	6-13	7-12	8-11	9-10
2ª Ronda	18-10	11-9	12-8	13-7	14-6	15-5	16-4	17-3	1-2
3ª Ronda	2-18	3-1	4-17	5-16	6-15	7-14	8-13	9-12	10-11
4ª Ronda	18-11	12-10	13-9	14-8	15-7	16-6	17-5	1-4	2-3
5ª Ronda	3-18	4-2	5-1	6-17	7-16	8-15	9-14	10-13	11-12
6ª Ronda	18-12	13-11	14-10	15-9	16-8	17-7	1-6	2-5	3-4
7ª Ronda	4-18	5-3	6-2	7-1	8-17	9-16	10-15	11-14	12-13
8ª Ronda	18-13	14-12	15-11	16-10	17-9	1-8	2-7	3-6	4-5
9ª Ronda	5-18	6-4	7-3	8-2	9-1	10-17	11-16	12-15	13-14
10ª Ronda	18-14	15-13	16-12	17-11	1-10	2-9	3-8	4-7	5-6
11ª Ronda	6-18	7-5	8-4	9-3	10-2	11-1	12-17	13-16	14-15
12ª Ronda	18-15	16-14	17-13	1-2	2-11	3-10	4-9	5-8	6-7
13ª Ronda	7-18	8-16	9-5	10-4	11-3	12-2	13-1	14-17	15-16
14ª Ronda	18-16	17-15	1-14	2-13	3-12	4-11	5-10	6-9	7-8
15ª Ronda	8-18	9-7	10-6	11-5	12-4	13-3	14-2	15-1	16-17
16ª Ronda	18-17	1-16	2-15	3-14	4-13	5-12	6-11	7-10	8-9
17ª Ronda	9-18	10-8	11-7	12-6	13-5	14-4	15-3	16-2	17-1

Cuadro para diecinueve y veinte participantes:

1ª Ronda	1-20	2-19	3-18	4-17	5-16	6-15	7-14	8-13	9-12	10-11
2ª Ronda	20-11	12-10	13-9	14-8	15-7	16-6	17-5	18-4	19-3	1-2
3ª Ronda	2-20	3-1	4-19	5-18	6-17	7-16	8-15	9-14	10-13	11-12
4ª Ronda	20-12	13-11	14-10	15-9	16-8	17-7	18-6	19-5	1-4	2-3
5ª Ronda	3-20	4-2	5-1	6-19	7-18	8-17	9-16	10-15	11-14	12-13
6ª Ronda	20-13	14-12	15-11	16-10	17-9	18-8	19-7	1-6	2-5	3-4
7ª Ronda	4-20	5-3	6-2	7-1	8-19	9-18	10-17	11-16	12-15	13-14
8ª Ronda	20-14	15-13	6-12	17-11	18-10	19-9	1-8	2-7	3-6	4-5
9ª Ronda	5-20	6-4	7-3	8-2	9-1	10-19	11-18	12-17	13-16	14-15
10ª Ronda	20-15	16-14	17-13	18-12	19-11	1-10	2-9	3-8	4-7	5-6
11ª Ronda	6-20	7-5	8-4	9-3	10-2	11-1	12-19	13-18	14-17	15-16
12ª Ronda	20-16	17-15	18-14	19-13	1-12	2-11	3-10	4-9	5-8	6-7
13ª Ronda	7-20	8-6	9-5	10-4	11-3	12-2	13-1	14-19	15-18	16-17
14ª Ronda	20-17	18-16	19-15	1-14	2-13	3-12	4-11	5-10	6-9	7-8
15ª Ronda	8-20	9-7	10-6	11-5	12-4	13-3	14-2	15-1	16-19	17-18
16ª Ronda	20-18	19-17	1-16	2-15	3-14	4-13	5-12	6-11	7-10	8-9
17ª Ronda	9-20	10-8	11-7	12-6	13-5	14-4	15-3	16-2	17-1	18-19
18ª Ronda	20-19	1-18	2-17	3-16	4-15	5-14	6-13	7-12	8-11	9-10
19ª Ronda	10-20	11-9	12-8	13-7	14-6	15-5	16-4	17-3	18-2	19-1

Cronología de los campeones mundiales

Creemos será de interés histórico para el aficionado que se inicia por primera vez el conocer la historia de sus campeones mundiales.

Por eso hemos creído oportuno relacionar los nombres y nacionalidades de los campeones indiscutibles, cada uno en la época que le tocó vivir.

He aquí esta lista de los jugadores de ajedrez, considerados campeones mundiales de forma no oficiosa hasta el año 1886:

RUY LÓPEZ DE SEGURA
(España) 1572-1575
GIOVANNI LEONARDO DA CUTRI (Il Putino) (Italia) 1575
PAOLO BOI DA NOTO
(Il Siracusano) (Italia) 1590
GIOACHINO GRECO
(Il Calabrese) (Italia) 1634
FRANCOIS-ANDRE DANICAN PHILIDOR (Francia) 1747-1795
A. L. H. LEBRETON DESCHAPELLES (Francia) 1821
LOUIS CHARLES MAHE DE LABOURDONNAIS
(Francia) 1821-1851
HOWARD STAUNTON
(Inglaterra) 1843-1858
ADOLF ANDERSSEN
(Alemania) 1851-1858
PAUL C. MORPHY
(Estados Unidos) 1858-1862
ADOLF ANDERSSEN
(Alemania) 1862-1866

En el año 1886 se celebró oficialmente el primer Campeonato del Mundo, donde se proclamó ganador William Steinitz al vencer al inglés Zukertort.

WILLIAM STEINITZ
(Austria) 1866-1894
EMANUEL LASKER
(Alemania) 1894-1921
JOSÉ RAÚL CAPABLANCA Y GRAUPERA (Cuba) 1921-1927
ALEXANDER A. ALEKHINE (Rusia-Francia) 1927-1935
DR. MAX EUWE
(Holanda) 1935-1937
ALEXANDER A. ALEKHINE (Rusia-Francia) 1937-1946 (*)

(*) De 1946 a 1948 quedó vacante el título por fallecimiento del Dr. Alexander A. Alekhine.

MIKHAIL BOTVINNIK
(Rusia) 1948-1957

VASILI SMYSLOV
(Rusia) 1957-1958
MIKHAIL BOTVINNIK
(Rusia) 1958-1960
MIKHAIL THAL
(Rusia) 1960-1961
MIKHAIL BOTVINNIK
(Rusia) 1961-1963
TIGRAN PETROSIAN
(Rusia) 1963-1969
BORIS SPASSKY
(Rusia) 1969-1972
ROBERT B. FISCHER
(Estados Unidos) 1972-1975 (*)

(*) Fischer fue desposeído del título por la F.I.D.E. (Federación Internacional de Ajedrez) por negarse a jugar contra el candidato ruso Anatoly Karpov.

ANATOLY KARPOV
(Rusia) 1975-1985
GARY KASPAROV
(Rusia) 1985-1993 (*)

(*) Gary Kasparov fue desposeído de su título por la F.I.D.E. por no estar conforme en varias cuestiones con dicho organismo internacional.

ANATOLY KARPOV
(Rusia) 1993- hasta ahora.

Campeonato de España Individual

El primer campeonato oficial se celebró en Madrid en 1944, siendo ganado por el maestro internacional Antonio Medina.

Veamos esta relación de campeones españoles, hasta la fecha:

AÑO	LUGAR	CAMPEÓN
1944	Madrid	Antonio MEDINA
1945	Bilbao	Antonio MEDINA
1946	Santander	Arturo POMAR
1947	Valencia	Antonio MEDINA
1948	Murcia	Francisco José PÉREZ
1949	Albacete	Antonio MEDINA
1950	San Sebastián	Arturo POMAR
1951	Barcelona	Román TORÁN
1952	Gijón	Antonio MEDINA
1953	Galicia	Román TORÁN
1954	Tarragona	Francisco José PÉREZ
1955	Alcoy	Jesús DÍEZ DEL CORRAL
1956	Barcelona	Jaime LLADÓ
1957	Zaragoza	Arturo POMAR
1958	Valencia	Arturo POMAR
1959	Tenerife	Arturo POMAR
1960	Lugo	Francisco José PÉREZ
1961	Granada	Jaime LLADÓ
1962	Málaga	Arturo POMAR
1963	Cádiz	Antonio MEDINA
1964	Las Palmas	Antonio MEDINA
1965	Sevilla	Jesús DÍEZ DEL CORRAL
1966	Almería	Arturo POMAR
1967	Palma de Mallorca	Angel FERNÁNDEZ
1968	Reus	Fernando VISIER
1969	Navalmoral de la Mata	Juan Manuel BELLÓN
1970	Linares	Ernesto PALACIOS
1971	Gijón	Juan Manuel BELLÓN
1972	Salamanca	Fernando VISIER
1973	Tenerife	Francisco Javier SANZ
1974	Valencia	Juan Manuel BELLÓN
1975	Benidorm	José Miguel FRAGUELA
1976	Ceuta	Angel MARTÍN
1977	Palma de Mallorca	Juan Manuel BELLÓN
1978	La Toja	Manuel RIVAS
1979	Torrevieja	Manuel RIVAS
1980	Lérida	Juan Mario GÓMEZ
1981	Sevilla	Manuel RIVAS
1982	Cartagena	Juan Manuel BELLÓN
1983	Las Palmas	José GARCÍA PADRÓN
1984	Barcelona	Angel MARTÍN
1985	Huesca	Jesús de la VILLA
1986	La Roda	Angel MARTÍN
1987	Salou	Alfonso ROMERO
1988	Alcanar	Jesús de la VILLA
1989	Almería	José Luis FERNÁNDEZ

1990	Linares	Jordi MAGEM
1991	Lérida	Manuel RIVAS
1992	Madrid	Juan Mario GÓMEZ
1993	Bilbao	Luis COMAS
1994	Cañete	Sergio CACHO
1995	Matalascañas	Miguel ILLESCAS
1996	Zamora	Sergio ESTREMERA
1997	Torrevieja	Pablo SANSEGUNDO

RESUMEN GLOBAL DE LOS CAMPEONATOS

Seguidamente vamos a reseñar los títulos obtenidos por cada uno de los campeones nacionales, siendo Arturo Pomar y Antonio Medina los que han conquistado, hasta el momento, más veces el entorchado, con siete veces cada uno, a saber:

JUGADOR	TITULOS
Arturo POMAR	7
Antonio MEDINA	7
Juan Manuel BELLÓN	5
Manuel RIVAS	4
Francisco José PÉREZ	3
Angel MARTÍN	3
Román TORÁN	2
Jesús DÍEZ DEL CORRAL	2
Jaime LLADÓ	2
Fernando VISIER	2
Juan Mario GÓMEZ	2
Jesús de la VILLA	2
Angel FERNÁNDEZ	1
Ernesto PALACIOS	1
Francisco Javier SANZ	1
José Miguel FRAGUELA	1
José GARCÍA PADRÓN	1
Alfonso ROMERO	1
José Luis FERNÁNDEZ	1
Jordi MAGEM	1
Luis COMAS	1
Sergio CACHO	1
Miguel ILLESCAS	1
Sergio ESTREMERA	1
Pablo SANSEGUNDO	1

RELACIÓN DE GRANDES MAESTROS ESPAÑOLES

A continuación relacionamos los once jugadores españoles que han obtenido, hasta la fecha, el título de Gran Maestro Internacional:

Arturo POMAR
Jesús DÍEZ DEL CORRAL
Juan Manuel BELLÓN
Orestes RODRÍGUEZ
Miguel ILLESCAS
Manuel RIVAS
José Luis FERNÁNDEZ
Félix IZETA y,
Zenón FRANCO
David García
Alexei SHIROV

Bibliografía

Como fuente de información, confrontación y copilación, el autor ha consultado para realizar este compendio ajedrecista, las siguientes obras:

Táctica y estrategia en el medio juego, de Lorenzo Ponce-Sala

Winning Chess Traps, de I. Chernev

Teoría de aperturas, de V. N. Panov

Gran libro de finales, de Lorenzo Ponce-Sala

Finales básicos de ajedrez, de Ruben Fine

Aperturas de ajedrez, Dr. Rey Ardid

Ajedrez en 20 lecciones, de Lorenzo Ponce-Sala

Defensas Indias, Dr. Max Euwe

El primer libro del ajedrecista, de J.Paluzíe

Teoría moderna en ajedrez, de Ludek Pachman

Los primeros pasos en ajedrez, de Lorenzo Ponce-Sala

Aperturas abiertas, de Dr.Max Euwe

Tratado práctico de ajedrez, de Lorenzo Ponce-Sala

Muchos finales, problemas y partidas que se han puesto como ilustración de los diferentes temas han sido seleccionados de entre centenares de posiciones y partidas publicadas en las siguientes revistas especializadas:

Sahovski Informator
Europa Echecs
L´Italia Scacchística
Revista de Sha
Chess
Schach
Schach Echo
Deutsche Schazeitung
Ruy López
Revista E.G.
El Noticiero Universal
Problemas (Revista de la S.E.P.A.)
Els Escacs a Catalunya
El ajedrez español
Revista F.C.A.